石文锦　孙志翔　著

中国股民入市之道

（初级）

做好"风控"　　理性投资
走好入市之路

知识产权出版社

全国百佳图书出版单位

图书在版编目（CIP）数据

中国股民入市之道：初级 / 石文锦，孙志翔著 . —北京：知识产权出版社，2019.1
ISBN 978-7-5130-6045-5

Ⅰ . ①中… Ⅱ . ①石… ②孙… Ⅲ . ①股票市场—基本知识—中国 Ⅳ . ① F832.51

中国版本图书馆 CIP 数据核字（2019）第 006473 号

内容提要

本书通俗地讲解了树立正确投资理念、充分认识市场风险、做好风险防控的方法，并对我国股市的现状、管理和问题进行了分析。以帮助中国股民做好"风控"、进行理性投资，走好入市之路。

责任编辑：李石华 　　　　　　　　责任印制：孙婷婷

中国股民入市之道：初级
ZHONGGUO GUMIN RUSHI ZHIDAO：CHUJI

石文锦　孙志翔　著

出版发行：知识产权出版社有限责任公司	网　　址：http://www.ipph.cn
电　　话：010-82004826	http://www.laichushu.com
社　　址：北京市海淀区气象路 50 号院	邮　　编：100081
责编电话：010-82000860 转 8072	责编邮箱：lishihua@cnipr.com
发行电话：010-82000860 转 8101	发行传真：010-82000893
印　　刷：北京中献拓方科技发展有限公司	经　　销：各大网上书店、新华书店及相关专业书店
开　　本：787mm×1092mm　1/16	印　　张：12
版　　次：2019 年 1 月第 1 版	印　　次：2019 年 1 月第 1 次印刷
字　　数：160 千字	定　　价：38.00 元

ISBN 978-7-5130-6045-5

前　言

2018 年是一个充满纪念意义的年份。最具纪念意义的是中国的改革开放进入到整整第 40 个年头。40 年来，每一个中国人都已亲身经历、亲眼目睹和深切感受了伟大祖国的沧桑巨变。正是中国共产党领导的改革开放，使中国创造了令世人震惊的奇迹，让曾经被西方预言连吃饭都难解决的占全世界人口五分之一的中国人民实现了从站起来到富起来的伟大历史跨越。

回首 40 年来中国人民走过的伟大道路，人们可以从中了解到许多可歌可泣、值得大书特书的辉煌成就。

在回顾历史人人为所取得的成就感到高兴和自豪的同时，人们也会对存在的问题进行一些理智而深刻的思考，对今后的发展方向进行前瞻，以利在始终坚持正确目标的基础上，找到继续前进所面临的问题之所在，力求突破问题之困，从而实现在新的起点的新跨跃，走向更加辉煌的明天。

自上海飞乐音响公司在 1984 年 11 月公开发行股票，"中国第一股"在改革的大潮中横空出世。1986 年 11 月 14 日，邓小平将俗称"小飞乐"的"中国第一股""飞乐音响"股票赠予美国纽约证券交易所的约翰·凡

尔霖，让世界为之轰动。1990 年 12 月 19 日，上海证券交易所开市，如今中国股市行将步入而立之年。回望走过的路，虽然步履蹒跚，但也辉煌，虽有一些让人诟病之处，但仍觉瑕不掩瑜。

中国股市今天的确存在一些问题，对此社会各界有着广泛的共识。存在问题不足为惧，只要我们清醒认识，冷静分析，找出问题产生的原因，并加以研究解决，我们就能向前跨越一大步。认识和解决问题是我们继续前进的新起点和加油站。40 年来，中国的改革开放正是在始终坚持正确发展方向的前提下，以问题为导向，不断发现、认识和解决问题，不断前进，并不断创造出辉煌。自从十八大以来，以习近平为核心的党中央，把反腐问题提高到关乎党的执政地位，关系党的生死存亡和国家的长治久安的高度，引导全党、全军、全国各族人民深刻认识，扎扎实实开展反腐败的伟大斗争，其广度、深度、力度前所未有，短短几年便取得了令人民群众十分满意、让世人交口称赞的伟大成就。同时，也推动我国政治体制改革向前迈进了一大步。

相比起来，中国股市存在的问题更不足为惧。只要我们在确定今后前进的目标和正确的发展道路的基础上，充分认识问题，深刻分析原因，既不讳疾忌医，也不恶意曲解、拘泥纠结，齐心协力解决，我们就可以站在已经取得伟大成就的起点上，百尺竿头，更进一步。

在这个充满纪念意义的年份回望过往，我们曾经遇到过各种问题，碰到过各种困难，但这些问题最终都能在伟大的中国共产党的坚强领导下，统一思想认识，上下一心，集思广益，群策群力，从而使得一个个问题得以解决，一个个困难得以克服，一道道难关得以攻克，取得了一个又一个胜利。今天，我们借此书把多年以来对中国股市现实存在的一些问题、其中的原因、解决的办法、建设的目标以及发展的方向等相关问题的思考和建议向中国股民与管理部门一并呈现。我们坚信：今天的思考定能一如既往，凝心聚力，化解分歧，形成共识，以利突破问题之困再出发，成为走向明日辉煌的新起点。

石文锦　孙志翔

2018 年 9 月

致中国股民

多年以来，7∶2∶1这组数据像一个幽灵一样时常在我们的脑海里出没，不时震撼着我们的心灵。它不是什么奇世珍宝埋藏之地的代号，也不是一个巨额资金账户的密码。粗略考证这组数据，它还不是我国的原创，属于舶来品。此外，它还有一个孪生兄弟——8∶1∶1。

这组数据是对进入股市的人在一波潮起潮落之后盈亏状况的简单概括，其中赔钱、保本、赚钱之比是7∶2∶1，即7成的人赔、2成的人平、仅有1成的人是赚钱的。这组数据无声地诉说着无数"百万进去、白劳出来"的股民欲哭无泪的悲哀。

迄今为止，我们没有亲眼目睹哪个国家发布过官方权威的调查报告或统计数据以证实这组数据的科学性、可靠性和精确信。然而它却有极高的可信度，几乎没有人怀疑它的真实性甚至精确性。每当人们谈及股市风险时，这个数据就被屡屡引用。因为客观事实是：每当股市经过一波大跌之后，包括近在咫尺的家人、亲戚、朋友、邻居、街坊在内的炒股人中，大多数都被深套其中。那么放眼全国，想必亦然。

潮退显礁石。赚钱的人的确如凤毛麟角，寥寥无几。而亏损累累、深

套其中的人比比皆是。

2018年，在中国股市大跌的过程中，作者所在的400多个股票微信交流群中人数之和已达到数万，见到的只是骂声一片。大多数股民被大跌套住，就连庆幸自己逃脱出来者，也只是自我宽慰："割肉先出来，以免巨亏！"这些身边眼见的事实都能直接印证：赚钱的股民的确不多。

每每大跌之后，面对怀着企盼救星一般的愿望、求神拜佛一样虔诚的眼神，一脸愤懑、失望、无奈、后悔、无助等复杂面部表情被套其中的亲戚、朋友、股民前来咨询后市如何时，我们的心每每被这组数据深深刺痛，却仅能报以无力回天、于事无补的安慰，一筹莫展的复杂心态和无济于事的心理同情。

7：2：1这组数据引发了我们对整个中国股民的深切同情，并对产生这个现象的原因以及中国股市的相关问题进行了长达十余年的思考、研究、探索和论证。

自1990年12月19日上海证券交易所开业，飞乐音响、延中实业、爱使股份等被后来称之为"老八股"挂牌上市交易至今，中国股市发生了翻天覆地的变化，按总市值排位如今已经成为亚洲乃至全球最大的、重要的资本市场之一。一些曾被一批热血股民追捧热情投资的上市公司，通过股市融通筹集到资金后迅速发展，如今已做大做强，现有规模早已今非昔比，有的已经跻身于世界百强。然而曾经投资这些上市公司成为这些公司股东的股民中，有相当数量的人们却亏损累累地深套在高处不胜寒的股价"山峰"，有的甚至永远地告别了股市，并且发誓来生来世都再也不进股市、不摸股票，言谈虽不至于色变，却也表现出热情不再、不愿回首的极度冷漠。因为回忆这段亏损历史就如同再挫他们心灵难以愈合的伤疤、难以抚平的伤痛。

的确，炒股亏损惨重的股民，其心之痛难以言表。我们不难理解：辛辛苦苦赚来的血汗钱，平时省吃俭用，舍不得吃、舍不得喝，积攒起来全部投入股市；有的甚至一度是下岗工人，从亲戚朋友那借来的钱，投入股市想在里面赚取点生活费，无论是出发点、行为和全部过程都是善良的、无辜的、合情合理合规合法的、无可非议的，然而结果却与初衷大相径庭。

在中国，人们对股民还有一个称谓——散户。在网络不甚发达的 20 世纪末，人们全部是集中到券商在全国各地的营业网点下单交易，并根据开户人投入资金数额的多少把股民细分为大户、中户和散户。如今随着科技的发展和网络的普及，大多股民都进行网上交易。只有少数因文化程度不高、不会电脑操作等和有其他各种原因的股民依然如故到营业网点下单交易。官方对包括在网上交易和在营业网点交易的股民的正式称谓是中小投资者，口头上人们习惯称为中小散户。

自中国股市开市以来，中小散户对中国股市的建设和发展发挥了积极的作用，是他们支撑起了中国股市的大厦，其中大多做出了无偿甚至是无私的贡献。但是每次大跌之后，他们非但要承受资金上的巨额亏损，还要承担来自社会舆论的巨大精神压力，似乎散户股民是中国股市投机、不成熟的祸根，以致近年有人公开发声：中小散户退出股市。

2015 年网上流传一篇网由"糊涂愚翁"发表的文章——《2015 年中国股民有多少》（见图 0-1），其中提出了与当时某报曾经刊载的文章中的大体相同的数据和评论，其中部分数据、观点、评述内容在网上多处可见，以致难以分辨出自何处，谁是原创。

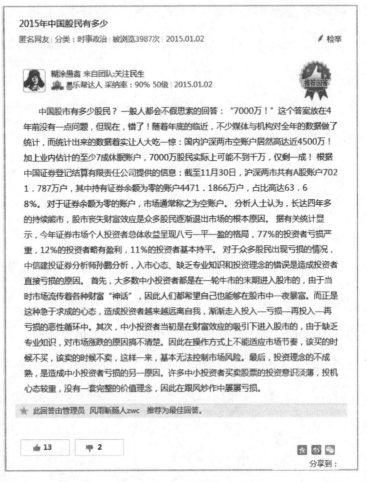

图 0-1 《2015 年中国股民有多少》文章截图

　　在此我们不想对媒体文章发表草率的、不负责任的评论，只想对文中所引用的证券分析师的言论中对中国股民带有指责意味的不实、不公之词，以及令人生疑、失之谬误的分析提出疑问：何谓正确的投资理念？何谓错误的"投机心态"？何时为该买时刻？何时为不该买时刻？"不该"是法律有界定，还是政策有指引？此外，据我们了解，我们身边的很多人并没有文中所说的希望一夜暴富的心理，只是想到银行利率低，希望放到股市里收益会高一点。许多被套牢的股民大多只想早日解套，并无赚钱的想法。这种心理不正常吗？属于"投机心态"吗？此外，说股民缺乏投资专业知识，但是直到此书完稿付印之时，全国也没有股票投资的股民官办培训学校，也未曾见出版发行过一本类似操作手册一样通俗易懂的图书。无知，不是罪过。中国有一句俗话："不知者，不为罪。"

这组数据还引发了我们更深层的思考：股市的风险到底有多大，是炒股风险大，还是开车风险大，产生它的背景和原因是什么，中国股市到底有哪些"特色"，为什么中国股市会像马路边的公厕一样广受诟病，中国股市为何走不出降温—救市—降温的怪圈，作为构成中国资本市场主体的三方——散户、机构和管理层（理论上实际只有投资者和管理者两方）在产生这一现象的过程中都发挥着怎样的作用，怎样才能打破中国股市近30年7：2：1魔咒一般的结局，须怎样对股票市场进行科学化管理，制度层面须进行怎样的改革，中国股民期盼监管层应该具有怎样的战略思维，顶层设计应当建立一个什么样的股市。

……

如今股市的风险已经成为绝大多数人的共识。都说股市风险大，但本书作者之一石文锦却因为害怕发生车祸，手持驾照20余年，不曾开车上路；而他在股市里摸爬滚打多年，却并不在"7"和"2"之列。他的"选好股票，涨了卖、跌了买，股市没有风险"的说法还被人认为是口吐狂言。

人们都说炒股风险比开车风险大，但开车早有"一脚踩油门、一脚进鬼门"的说法，足见开车风险之大。

可能有人会觉得两者风险没有可比性，会觉得这种比较有点怪异甚至

是无聊。现实中的确很少有人对这两者进行比较。

严格说来，开车和炒股都有巨大的风险，只是风险各有不同而已。

然而，现实生活中却有一个奇怪现象：人们对开车的风险只是在考驾照，或在安全活动中、发生了车祸后才强调，平常人们很少提及。日常生活中如果你有心提示别人开车要注意风险，反而会让对方感到是在怀疑他的驾车技术或是危言耸听，似乎有点不礼貌甚至多余。行车安全事故虽时有发生，但如今私家车早已经普及，包括我们自己、身边的家人、朋友、邻居、街坊在内，却很少亲眼看见发生车祸。人们也不曾编出诸如"开车有风险，驾驶需谨慎"之类提示人们注意开车风险的口号和标语。炒股却大不一样。在中国，在所有与股票和股市有关的地方，在电视财经证券节目中，在办理开户时，在证券公司营业大厅里……"股市有风险，入市须谨慎"的提示标语随处可见，结果是包括自己家人、亲戚、朋友、邻居、街坊在内的炒股人群中，赚钱的却很少。可以设想：如果开车风险比例也达到如此之高，那么今天的街上要么是哀鸿遍野，要么路上根本没车——没人敢开。而现实却并非如此。

为什么开车的风险都能被有效控制，而炒股的风险却无法控制呢？

就两者比较，哪个风险更大？客观理性地分析，应该说开车风险大，因为开车的风险导致的后果是赔命。而炒股的风险无论有多大，赔的是钱，钱和生命不是等价物，不可相提并论。因此，可以断言，开车的风险远大于炒股。可能会有人认为，这只是风险导致的后果程度的比较，而股市的复杂性和发生风险的概率都远远大于开车。

不错，股市受到国内国外政治、经济、行业、企业、社会和投资者群体、个人心理、不同时空、瞬息万变的、宏观和微观、主观和客观各种错综复杂因素的影响，价格会发生剧烈的甚至是非理性的波动，从而导致投资者的重大损失。而开车同样受到驾车人的心理情绪、数万个汽车部件性能以及复杂的路况、人流、车流、天气等因素的影响，隐藏着无法预计的安全风险。开车人稍一疏忽或无视严格的交通规则、缺乏车速控制等，发生车祸的概率就会呈几何数级增长，酿成事故的风险相比炒股赔钱风险的发生概率即使不大，也小不到哪里去。

通过冷静深入地思考可以发现，开车和炒股其实有着许多相似之处。首先，在年龄、性别、职业、文化程度上都是跨度大，分布广；其次，复杂的时空、环境因素和个人心理因素都对其结果产生影响。

但是，开车的风险始终被控制在很小的概率，在新情况下发生的安全风险也可以通过及时分析、总结并制定规范的措施予以预防，有的及时上升到强制性的法规以避免、警戒他人重复发生，从而使得实际发生车祸的可能性远远低于人们担心的预期。因此，才有了今天人们对开车的风险担心度大大降低，少数人甚至予以忽视的现实局面。

但是相对于开车，股市没有明确的强制性章法规定，千百万股民也很难找到可以避免风险、防止亏损的方法。我们亲眼目睹了原来一个街坊把包括自己的积蓄和借来的共计百万资金投入股市，入市前后他也看了许多专业书籍，并向身边成功赚钱的人求教炒股秘籍。但经过多年股市中的辛苦忙碌，最后严重亏损，被迫卖掉房子偿还借债，如今租借居住在一间别人弃之不用、原用作堆放杂物的破旧房子里。用他的追悔莫及和穷困潦倒演绎了股市赚钱之艰难、入市必赔的铁律。

今天写作此书的目的，不是要对开车和炒股二者的风险进行比较研究。只是告诉读者在对开车和炒股二者的比较中，使我们得到了启示，它让我们找到了如何打破炒股入市必赔铁律的正确研究方向。因此，对二者风险的比较的科学意义类似于落地苹果相对于牛顿研究发现了万有引力定律。就此意义而言，不再会有人认为这种比较是毫无意义甚至是荒诞或无聊的事情。

通过研究我们发现了其中的奥秘：开车的风险被防范不等于风险小，股市有风险不等于不能防范。我们进行了这样的假设：如果炒股也能像开车那样，对参与的人进行严格的训练、考核，经过考试合格后方可开车，而且，像开车过程中也有严格的管理章法规范开车人，那么亏损的人起码会大幅减少。我们也曾设想建议设置入市"门槛"，以防止股市风险酿成的悲剧在大面积、大范围内发生。就像开车一样，你要想开车，必须考取驾照，必须严格遵守道路交通法则和规章。但是，目前世界上没有任何一个国家政府出台设置进入股市的"门槛"规定。原因至少有三点。

一是它缺乏法理依据支撑。开车涉及公共安全，可以强制性地规定开车人去学习驾驶技术和交通法规，驾车人通过必备知识的学习、考试合格后允许其独立驾车以保障他人公共安全。炒股只涉及个人的财产，不对公众造成危害和威胁，行为如同人们日常买卖，愿买什么、什么时间买卖，完全是个人的权利和自由，不涉及他人和公众的安全，全世界所有的国家都是如此。开车管理很严格，入市炒股人自便！如果真的出台这样的"门坎"规定，不仅与法制精神相违背，极大地限制了公民享有的权利和自由，在实践中也未必能够得以有效的推行，会遭到很多人反对，因为这很可能被误解为把赚钱的机会大门对老百姓关闭封锁而最终导致天怒人怨，众人反对而群起以废除之。

二是股市开设的本质目的就是建立投融资渠道。一方面为发展中急需资金的企业建立直接融通筹集社会闲散资金的平台；另一方面为广大的老百姓提供投资机会，通过投资获得投资收益，增加个人所得。两者互为依存。把人数众多的股民拦在这个平台之外，股市缺乏了参与人，就断绝了融资的资金源泉，成了无源之水，无本之木，也就丧失了融资功能和存在的意义。

三是很难设计出一个科学而合理的"门槛"以供操作。可以面对大众群体设计的门槛不外乎以下几种：

（1）像股指期货那样，以投入资金的数量作"门槛"。如何设定准入的数量标准是个难题。设低标准，等于没设；设高标准，以小数目存在于民间的大量闲散社会资金汇聚起来可能远远超过愿意投入股市的大资金的总数，就会被拦在股市之外，同样不利于融通资金的汇聚，直接阻碍着股市的投融资功能的正常发挥。要设也只能设置大户、中户和小户分类管理，没有理由设置成准入和禁入的"门槛"。虽然大资金抵御风险能力相对小资金要大，这也是在正确的操作前提下才能得以实现的。如果错误的操作，则会适得其反，风险大小与投入资金大小成正比，资金投入越大风险越大，结果亏损也越大。

（2）以年龄画线设置"门槛"。据我们所知，目前的中国股民中，年龄小的有不到20岁的大学生，年龄大的有古稀甚至八旬左右的老人，各个年龄层次都有，大多是具有独立行为能力的自然法人。投资权利人人平等，设置准入年龄界限同样没有说得过去的理由，难以划定。

（3）以个人的学历高低设置"门槛"。在学历方面，中国股民中老年人的学历偏低，青年人的学历偏高，有的甚至是博士，而学历低的恐怕实际只有小学程度。

与以上几种"门槛"设置相同，在学历上画线也没有任何科学性或者法理依据。在我们熟悉的人中，具有博士头衔亏损累累的不乏其例。本书作者的近邻中就有其人，而且是名牌大学国际金融学博士，2015年进入股市被套其中，如今账面资产已被腰斩，账户成为不再问津、不再交易的"休眠"账户。相反，文化低、赚钱的也不乏其人。例如，作者多年以前曾在一家证券公司网点见过一位年近60岁的妇女，几乎没有文化，连股票名称都说不清，上市公司分属什么行业、干什么的都全然不知，下单操作须请人代劳。还有什么K线、分时图、均线、布林线她见都不曾见识，放在她眼前，她也分不出个子丑寅卯。平时既不看股票价格显示屏，也不看走势图。一天到晚就在营业厅里转悠打听，看别的股民在哪只股票里套住了，套了多少？套得越深，然后她就找人委托帮忙下单买进。通过与其交谈，我们得知她坚持的炒股逻辑是：别人可以解套，她就可以赚钱。据此逻辑，当时一波潮退以后，她还真成了为数不多的赚钱股民。相反，文化层次高、会看图、每天在那画线看技术指标的年轻股民，最后却没能逃脱亏损的厄运。

（4）从专业上设置"门槛"。到目前为止，全世界也没有真正意义的炒股（股票买卖投资）专业学校，具有财经金融相关专业背景的股民入市，与其他专业的人在股市里相比并无明显的专业优势。媒体聚焦的成功赚钱人士中，也尚未见到是股票买卖或证券交易专业的人。

前面说到本书作者李月能在股市大跌、市场极度恐惧时贪婪买进，其勇气自然值得称道，有人会竖起大拇指："有胆！"但仅仅用"有胆"两个字来解释有点不着边际，应当在其后再加上一个"识"字——有胆识。

何谓"识"？"识"包括对股市特殊规律性的科学认识、对宏观及微观经济形势的准确把握、对股价短期趋势和长期走势的科学预见以及与之相关的知识等。除此之外，还有对风险防范规律和正确操作方法的认识。需要如同开车必不可少的规章和法则一样的交易规则，并以此作为在股市始终规范自己操作自觉遵循的"交规—交法"，即股票买卖交易法则。

进入股市后的"交易法则"是防范风险的利器，是必不可少的护身法宝。管理层面不可能出台强制性的入市"交法"，但出于为自己抵御风险考虑不能无视"交法—交规"开车上路一样。必须坚持严格执行风险可控的入市自律"交法"，自我约束、自我遵循，方能在"股海"中任凭风吹浪打，胜似闲庭信步。

这种"交法"是依附或融入具体的股票买卖操作过程来贯彻和实现的。遗憾的是，现今人们还没有发现可以适用各种文化层次、各个专业的人都能运用的、操作性很强、有效防范股市风险的股市"交法"——科学的、理性的操作方法。现今虽已出版大量书籍，但因其有的过于学术化、专业化、理论化，有的甚至故弄玄虚，标注"秘籍"，制造神秘，介绍的操作方法附加了许多难以被一般人理解的概念、术语和难以把握的应用条件，从而使得实践中的操作性、可行性大大降低；防范股市风险、实现赚钱目标的能力和效果都大打折扣。

十多年来，我们首先对进入股市的各个环节进行了深入的细分研究，

对各个环节及可能面临的风险进行了仔细评估，研究探索了避免发生巨大亏损风险的关键环节：买卖交易行为。其次，认识理性投资和科学操作的关系。理性投资就炒股而言，不只是一个名词概念，防范风险也不只是几个类似于"股市有风险，入市需谨慎"一样的口号或提示。风险意识教育和意识树立也绝不是能记住几个提示和几个口号那么简单，它是一个贯穿于从买到卖、从进入股市到离开股市，渗透到整个股票交易全过程每个关键环节中的明确的规范化的操作行为、步骤和方法，其中包括不为和必为。

股票交易从行为上说极其简单，一买一卖。但在股市中结合各种股票一起，加上买卖时间的各不相同，形成了千差万别的交易过程，直接影响到投资的最终结果。有关买什么股票、何时买进、何时卖出、持有多长时间等就演变出千差万别的长短线、价值、趋势投资等许多不同的理论主张和实战例证。但是各种操作都包含了许多的偶然性、特殊性、不确定性，使得这些方法都难以被他人在操作过程中简单复制，因为早已时过境迁。因此，对于股民来说，在股市中防控风险更加重要的是始终自觉信奉和遵循科学而可靠的"交法"。

为探寻一个能为不同年龄层次、不同专业背景和投入不同资金规模的人们有效抵御风险，实现盈利预期的操作方法，我们进行了长时间的研究探索，并在多年的实战中进行检验。多年以来，我们在触摸股市脉搏的同时，对所设计的各种交易方法进行实盘操作和论证。对其中的一种方法进行了长时间的重点实验，通过 2008 年的大幅下跌和 2015 年的股灾检验，我们操作的账户始终没有进入"7"和"2"阵列。为了验证中小散户运用我们探索的操作方法防控风险的可靠性和可行性，2017 年年底上证综指在 3500

点附近，我们又增加小微资金账户的操作，进行实盘操作，在 2018 年中国股市长达半年下跌的过程中，大盘指数先后失守 3000 点，击穿 2700，一路下行，但是小微账户仍然保持盈利。大小资金账户的操作验证了有效性，具备可复制性。我们今天呈现并希望和相信最终得以在广大股民中传播和应用，从而有效地打破笼罩在股民身上的 7∶2∶1 魔咒。

本书为初级篇，类似于操作手册，主要面对新股民，只讲操作，尽量采用日常生活中的事例讲述内在的深刻道理，以帮助股民理解，不讲太多的专业性理论。读者可只知其然，暂不必知其所以然，以解决初入股市的新股民急于操作的心理和在操作上的急需。而不是一开始就不自觉地去面对生疏、深奥、对初入股市的人操作上并无太大实用意义的枯燥理论，使得新股民一头雾水，反倒无益于实际操作。在写作过程中，我们尽力避免现已问世的大量书籍中存在的过多的理论性论述以及过于专业化、学术化、篇幅过长等问题。本着尽量照顾"短板"的原则，重点考虑了年龄跨度大、专业分布广等因素中人数多、专业知识程度低的特点，打破神秘化，不引、不用、不自创晦涩难懂的名词概念和大多数人日常生活中接触不多的专业术语。非用不可的专业术语，也尽量不出现在初级篇的正文中，仅采取在注释中解释词义定义的办法或附篇用专门章节讲述，或放到中高级部分作简洁论述。就像日常生活中电视机的使用说明书，只讲怎样开、关和使用，并不需要介绍电视机的原理和制造工艺一样，以突出操作性。

写作此书，旨在与人们一道探索和揭示股市风险防范之术，打破"入市必亏、风险不可抵御"的悲惨现状和神秘传说，而这并不需要多么高深的专业理论知识，需要去搞懂乃至掌握诸如心态、执行力等一些接近于悬

乎的时髦、神秘而生僻的名词、专业技术术语，甚至需要什么"秘籍"之类的武器。

但是，对于新股民，进入股市也不能像背上书包刚进校门的新生，还没认识数字1、2、3，就想去解多元高次方程一样。切莫盲目跨越跳级，坚持循序渐进，一步一步拾级而上，一个环节接一个环节地突破。

对初入股市者，我们提供了一条入市的快捷安全通道——了解掌握选股如何智闯"三关"，以及通过简单的图例讲解和操作实例的学习，运用低风险操作方法——精心选好一只股，分价位、阶梯式低风险买卖操作法。

本书以适应任何年龄、专业、职业股民的理解能力，用通俗简单，人人都可以理解的语言揭示进入股市的投资之道、排险致盈之术，阐述最简单的方法，由浅入深、由低到高，逐步把握股市的脉搏，探寻股市的一般规律。我们相信，只要我们坚持在投资实践中学习，进入股市，做到理性投资，并在此基础上，学习和运用股票投资专业技术知识，提升自己的风控能力和操作水平，进而走向成熟，"股海"掘金，走向高端，走向辉煌，就能改变自身投资收益状况和比例数组中的占位。

股市入市之路一路充满荆棘、充满风险，祝每一位中国股民认真学习掌握风险防控之术，借助理性投资的罗盘指引，行稳致远！尽情领略股市这一奇山险峰的无限风光！

目　　录

第一章　初入股市

2015 年上半年的一天，一位朋友正在攻读金融专业博士的女儿和女婿找到我们，说看到股市行情蛮好，让我们帮忙推荐几只股票，他们也想炒股。我听了以后，问道：

"炒股？准备好了吗？"

"准备好了呀！上海、深圳还有创业板的账户都开好了，资金也转到证券公司的账户上了。现在就是不晓得买什么股票好。我们特地来找你，希望你给我们推荐几只股票。"这口气是万事俱备，只欠东风。

"这就叫准备好了？"我接着问。

"还要准备什么？"他们迷惑地看着我。

"你们对风险有概念吗？"

"我们开设账户的时候在证券公司做了风险测试，已经过了。"他们信心满满地回答。

"现在指数到什么点位了，前期涨了多少？你们现在进去，准备去接最后一棒？"我提示道，"如果你们认为开好了股东账户和资金账户，打入了资金，做完了风险测试就是准备好了，那只能说你们准备好了进去吃套、准备好了亏损。"接着我引用了沃伦·巴菲特著名的"人们贪婪时我恐怖，人们恐怖时我贪婪"的经典名言，告诉他们现在不是进去的时候。当这么多人进入股市贪婪地买入股票时就要远离股市。真想炒股，先回去作必要的入市准备，不要在这个时候盲目进入。

临走时他们依然将信将疑、茫然地看着我。

……

后来从她的母亲那我间接地了解到，他们最终还是没有听我的劝告，初生牛犊般勇猛地闯进了股市，书写了平生第一次失败的投资记录。虽然他们向母亲表示了后悔，接着仍然没有听取我给他们的进一步的忠告："不管什么股票、是赔是赚，赶快出局！"但是，他们因为不愿意面对卖出股票就会在账面形成的接近20%多的实际亏损，错误地选择了所谓的"长线"。

……

如今三年已经过去，他们持有的股票早已牛气不再，涨势已去，走上了漫漫的价值回归路，股价已经腰斩。亏损又翻了一番，"长线是金"没有演绎出中国式的巴菲特神话，"长线"也没有改变现今股价与当初买入时的价位之间的巨大差距。

纵观中国，确有一定数量的股民入市的情形和他们大体相同。在股指涨幅巨大时，看到了股市可以赚钱而进入股市，他们浑然不知风险会多么巨大，不知道风险随着他们的入市而降临，以为只要开好了股东账户、转入了资金，可以买卖股票了就算做好了入市准备。对什么是风险，如何进行"风控"，毫无意识。只是在所有的资金买进了股票、随后遭遇大跌，账户资产大幅缩水以后，才体会到什么是风险、才意识到当初的买入是多么的冒失。就如同是买了一辆汽车，拿到钥匙、加了油，就一脚油门踩到底地上了路。全然不知这油门一踩，结果将身不由己……

那么，初入股市需要准备什么呢？

进入股市首要的准备，从大的方面讲是确立正确的投资法则，从操作意义上讲要有"交法—交规"——交易法则。一定要摒弃那种一心想赚钱，指望买了就涨，涨了就卖、卖了就赚的投机理念、单向思维及操作模式。那么，正确的投资法则是什么呢？

世界著名的投资大师，被称之为"股神"的沃伦·巴菲特和金融大鳄乔治·索罗斯的投资法则应作为我们进行投资的理念和座右铭。

投资法则一：永远不要赔钱。

投资法则二：永远不要忘了投资法则一。

　　　　　　　　　　　　　　　　　　——沃伦·巴菲特

先生存，再赚钱。

　　　　　　　　　　　　　　　　　　——乔治·索罗斯

进入股市，我们不能回避风险。对待风险要有科学的认识。首先，要充分认识风险；其次，要设法去规避、防范风险。其实生活中不仅是股市，方方面面都存在各种不同的风险，如开车、驾飞机、驯兽等。

对风险的科学态度就是战略上要藐视，战术上要重视。但现实状况不是藐视不够，而是重视不够。因此，这里重点讲如何重视的问题。

对于股市的风险，对于投资者来说，其定义就是买入股票后由于各种主客观、微宏观因素导致的在卖出股票时的资金数额小于当初投入的初始资金数额，即亏损。这就是说，只要购买股票，就是机会与风险并存，即上涨和下跌、赚钱和赔钱都有可能。

　　"永远不要赔钱"即首先要保住本金，大师沃伦·巴菲特把它作为投资法则，此外还加一条法则用来作进一步的强调，可见其重要性。因此，我们应该将其作为正确投资理念的核心和入市必须遵循的法则。

　　无论是作为老股民还是新股民，特别是初入股市的新股民来说，更要严格遵守这一法则，并把它具体化为自己的"交法—交规"贯彻到整个交易全过程的始终。除了做好基本的开户准备以外，要有足够的思想认识和行动自觉，它是相比开户、打入资金等准备更重要十倍、百倍甚至千倍的入市准备。因此，进入股市，首先要做的就是8个字：先看、先思、先学、再动。

　　许多股民大多是在股票上涨时也就是平时口头说的牛市时入市，因为他们看到的是：涨！涨！涨！有的股票个把月不到就翻了番甚至几番。于是抱着还会涨的"惯性"思维、潜在愿望和单边心理预期进入股市，买入的一瞬间大多数人很少想到买入以后结果是下跌甚至"跌跌不休"……对风险全然不知也全然不思。

　　进入股市的首要准备，就是思想上首先要认识到：只要你进入股市，风险就不再是类似于"股市有风险，入市须谨慎"标语一般的简单提示，以及勾上几个供你选择的类似于"你能承受多大风险"之类的选项的风险测评。在股市里风险无时不在，无处不有，防不胜防。

　　"致中国股民"中已经谈到，开车的巨大风险之所以能被防范是因为有交法和交规，股市的巨大风险更需要一个随时自我自觉遵守的"交法—交规"方能抵御。开车的交法和交规是贯穿于从发动机点火到最后到达目的地后熄掉发动机全过程的各个环节上。同样，炒股也是贯穿于从选择到买入再到最后卖出的全过程。只是一味承接市场股票的近期涨势，进行单边的惯性思维，看不到市场的风险就是最大的风险。

然而，在刚入市的新股民中，同时还有相当数量的人并非一点风险意识都没有，只是他们不知道风险是什么、风险在何处，怎样去防范。如同谁都知道现实生活中有骗子，但谁都不知道骗子在哪里、有哪些骗术、怎样去识别，以防被骗一样。也如同一个没有经过必不可少的相关知识的学习就上了车，手握方向盘，脚踩油门的新司机，虽然也知道有巨大的风险，但不知道风险在哪，怎样去规避。

除了在思想上要有充分的认识和准备外，更重要的是把更多的精力放在操作层面，解决三大重要环节实施严格的"交规—交法"，认真仔细、切实把住"三关"："选股关""买入关""卖出关"。要彻底改变目前普遍存在的选、买合一，以买代选、凭感觉甚至凭感情或仅看技术形态就决定，最终是草率买入的操作模式。围绕选、买、卖三个环节，重点解决五个"？"：买什么？何时买？怎么买？何时卖？怎么卖？

"选""买""卖"三关是入市以后全部风险的入口，风险环绕在三关的周围、弥漫在三关的全部空间，使"选""买""卖"三个环节始终充满了不可知、不可测的风险，几乎与风险孪生甚至是三胞胎、四胞胎……说它们是选、买、卖三环淹没在风险的海洋之中一点不为过。进入股市后的全部交易过程，其中的任何一个环节的操作都如同在风险的海洋里搏击，把握好这三关特别是"选股关"，才能够排除风险，站到实现盈利的正确

起点，为投资成功走上正确的路径。大多数的中小散户正是在入市之后没能顺利闯过这些关隘，从而使得自己在进入股市之时起，就与机会和财富失之交臂，投入了风险和赔钱的无情怀抱。永远地告别了盈利，陷入了亏损甚至是今生今世都无法回本的万丈深渊。就如同一个从未下过水不会游泳的"旱鸭子"，进入了充满暗流、旋涡、鳄鱼、怪兽等的水潭，几乎不可能再生还。

首先，我们来看几只股票的走势图，初入市的新股民有的可能还看不懂其中的 K 线，但只要能看懂其中的日期和股价便可。如有股民在 2017 年 7 月 20 日以前买进 *ST 保千（600074），股价从 11.5 元左右"飞流直下"一直跌到 2.3 元"开板"，创中国股市连续跌停之最，后横盘几天，再继续震荡下行，如今股价仅有 1.30 元。

*ST 保千（600074）连续 30 个跌停，一度首创中国股市连续跌停纪录（见图 1-1）。

*ST 尤夫（002427）从 2018 年 1 月 17 日开盘到 2018 年 5 月 7 日，连续 28 个跌停，股价从 31 元跌至 7 元上下，缩水高达近 80%（见图 1-2）。

*ST 长生（002680）从 2018 年 7 月 16 日开盘"一"字板连续跌停，股价从 25.25 元跌至 3.81 元，连续跌停已达 32 个，如图 1-3 所示，直至 8 月 31 日，打破了此前由 *ST 保千（600074）保持的 30 个连续跌停的纪录，刷新了中国股票市场连续跌停之最。

*ST 华信（002018）的股价在 2015 年 6 月 12 日在 40 元以上，三年多来，跌跌不休，今天的股价已经不足 1.30 元（见图 1-4）。

……

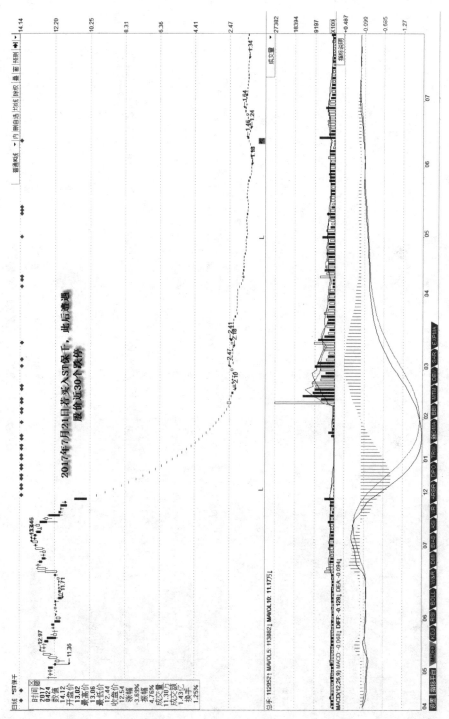

图1-1 *ST保千（600074）连续30个跌停走势图

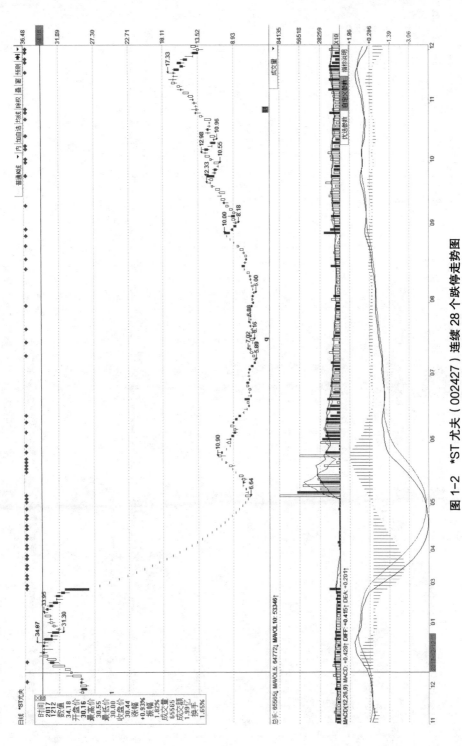

图 1-2 *ST 尤夫（002427）连续 28 个跌停走势图

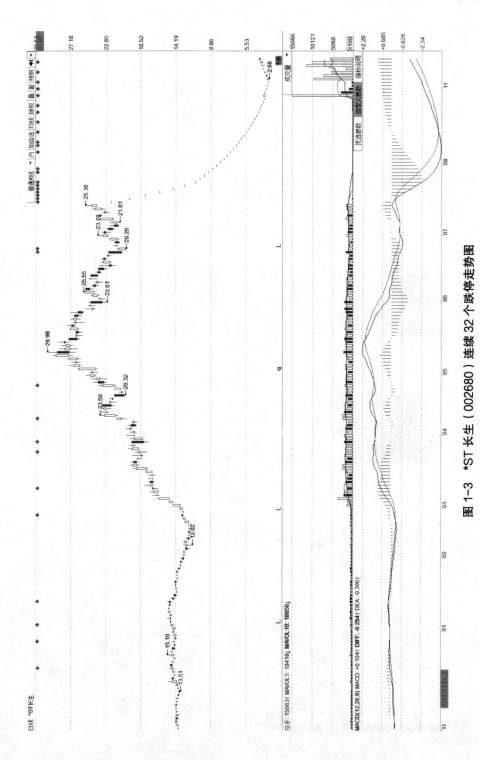

图 1-3 *ST 长生（002680）连续 32 个跌停走势图

图 1-4 *ST 华信（002018）从 40 元跌至 1.30 元的走势图

如今此类走势的股票数不胜数，不再枚举。

图中股价走势，可用"纵身陡壁悬崖""飞流直下"等来形容。显然，谁开始都不想买入此类股票。但是，如果一旦误买，结果可想而知。

有的股民会说，谁知道它后面会这样走啊？

是的，谁都不知道。但是，只要你进入了股市，从开始准备买入股票那一刻起，你都要去尽力避免！不知道不等于你就可以躲掉，甚至还可能正因为你不知道，它才会紧紧地"盯"上你、死死地"缠"上你！

第一节　选股闯关

2017 年年底的一天，笔者在去当地的一家证券公司营业部办事回来途中，巧遇一群大妈们叽叽喳喳，一听便知是今天刚开好户，买好了股票一道回家。可能是因为初次买进股票，新鲜感和兴奋情绪激动得溢于言表。她们正在回忆和交流着选股买进的过程——

……

"我就买了两个股票。其中××××，我看到它在涨，我就下单，追倒买，没买进来，买了以后不晓得为什么跌下来了，到收市倒亏钱。"

"我买的××××、××××，我觉得这个名字蛮好听也蛮好记，就买了。"

"我买的××××、××××，在我旁边的人说它马上要送红股，10送5，不知道为什么股票今天不涨？"

"我买了××××，还有一个名字我记不得了。我以前听我的一个同事说他以前买它赚了不少钱。"

"我买了 4 个股，一个是××××，一个是××××，还有一个是……我忘记了，那个还带个 *ST 的，听旁边的人说是跌停了，我看见便宜、好买，不用追，也不用等，就买了 5 手。"

"你投进去好多钱？买这么多？"另一大妈问。

"没有好多，就五万。"她回答。

"五万块钱买这么多？"

……

"昨天在家看了《交易时间》，××××是涨停板，一天就涨几块，今天涨停板打开的时候 45.86，我买了一手，买了没想到就跌了，现在套了我 3 块多。"

"这么高的价你也买它？"

"它要是涨，这个价就不贵呀！"

（注：因为当时只是注意她们如何选股，没有太在意大妈们具体买的什么股票，因此没能准确地记住股票名称，好在它不是很重要，故全部在此省略）

……

默默地跟在她们身后，本想上去问她们一句："你们就像买菜一样去买股票？"但当我看着她们时，不知是不想给她们极高的兴致和激动情绪泼上一瓢冷水，还是跟她们并不熟悉、感觉不便插嘴多言，使得已到嘴边差点脱口而出的话又吞了回去。我绕开前面的大妈们，加快了脚步，从她们身边走了过去……

在后来的岁月里，特别是在股市下跌的时候，有时还情不自禁地想起那些大妈，心中油然升起一丝淡淡的内疚，如同路遇一群过客，明知他们走错了路，误入了歧途，到不了他们充满希望想去的地方，而没能及时告知一样，后悔当时没有及时插话告知她们股市的风险从入市开始，风险与选股形影相随。一旦此关没把好，草率买股，影即是形，风险降临。

后来的日子里没能与她们再次邂逅，也没能了解她们的最终结果。但心里仍然希望她们能有侥幸，也同时希望能与她们再次邂逅，以便给她们一些选股的忠告。

对于老股民来看，大妈们这样的选股可能有点"幼稚"的感觉，但是回想我们当初开始买股时，可能都有着和其中某个大妈相似的地方。

大妈们集中且生动地体现了马云曾经揭示中国人"花钱很理性、投资很感性"的特性，买菜块把钱一斤也要还价、菜再好也要挑来择去，但买股票不挑不选。大妈的选股过程折射出许多新股民初入股市选股方式的五花八门，有的甚至选、买合一，全然没有理性和遵循，没有风险防范意识。

买入之前，首先要过好选股关，力求避免误入"雷区"，不与地雷为伴，不与风险为伍，以保证买入后不赔钱。选股票在某种程度上像大妈们买菜。到了菜场去以后，首先要看有些什么菜，排除掉烂菜、不新鲜的菜（在这一点上买股票和买菜又存在很大的不同：菜是实物，好坏比较直观，烂菜一目了然，可以不屑一顾，不予问津。但买股票很难一目了然，一眼识别，不屑一顾，不予问津）。越是这样，我们越要留神小心，因为一旦买入"烂"股，就等于踩上了"地雷"，买的股票就会成为一个"烫手的山芋"和随时可能引爆的定时炸弹，日后会将自己投入到股市中个人甚至是全家的全部财富和血汗化为乌有。

因此，从某种意义上讲，对于任何一个开好了资金和股东账户进入股市的投资者，选股关就是拥抱机会甚至财富或者拥抱风险走向财富黄泉的重要分水岭，二者必居其一。稍有不慎，将陷入万劫不复的万丈深渊。无论新老股民，谁都不可以掉以轻心，要从防范风险的高度，坚持永远不要赔钱的投资法则，仔细甄别，慎重挑选，"智"闯选股关。顺利通过进入股市第一关，从而进入机会和财富的华丽庭院。

第二节　除雷排险

进入股市，每一个人就都置身于险象环生的险境之中。那么，风险来自何处呢？怎样智闯选股关才能做到像沃伦·巴菲特所说的"永远不赔钱"，或者像乔治·索罗斯所说的"先生存，再赚钱"呢？

风险的源头来自于各式各样的"地雷"，要想顺利闯过选股关，不至于"壮士未捷身先死"，就要切实做到：在买入下单之前认真仔细甄别，慧眼识别风险，探明其中的"雷区"，剔除背后可能隐藏着各种风险的股票，以防万一地误入"雷区"、误踩"地雷"，从而避免买入之后一失足成千古恨，在源头上杜绝风险的潜入，以保证平安过此关隘。

"地雷"，是业内给上市公司因发生业绩（效益）大幅下滑、企业违规违法受到处罚以及各种直接影响并造成公司股价应声下跌的突发意外事件的"问题股"的代名词。一旦不幸买入了此类股票后，面对股价的"雪崩"，就如同踩到了地雷，其结果就是直接的经济损失，财富立即大幅缩水。因此，中小散户初入股市，可以不知道什么是上市公司退市、什么是债务违约、什么是股权质押等，这些财会金融证券专业名词，对于多数股民来说可能进入股市前从未接触，十分陌生。但是，一定要知道：从操作层面讲，这里就是布满了各种地雷的"雷区"。必须遵循的交易法则，首要的就是在选股环节识别"雷区"，精心做好排"雷"，从而有效远离和规避风险。

股市中的"地雷"通常有以下几种。

1. 退市

股票（上市公司）的上市和退市，是成熟的资本市场的必备制度。时至今日，近30年来，中国股市退市股票不足百只，占全部上市公司总数不到1/30，而成熟资本市场已达6% ~ 8%。退市分为强制和主动两种。

在强制退市方面，相关法规规定退市标准大体分为四大类：

（1）上市公司发生"重大违法行为"。

（2）公司效益财务达到退市标准（包括净利润、净资产、审计意见类型等）。

（3）财务信息不规范（未改正财务会计报告中的重大差错或者虚假记载，未在规定期限内披露年报或中报等）。

（4）市场交易指标达到下限值（包括股本总额、成交量、股票市值、股票价格等）。

随着中国股市的进一步健康发展，退市也将会走向制度化、常态化。这些退市标准的严格执行必然使得中国股市不断地飞出"黑天鹅"。投资者误踩"地雷"的可能性就大大上升。作为中小散户，由于信息闭塞，对所买股票的上市公司的生产经营情况能够了解的渠道极其狭窄，知道的相关信息也极其有限，了解重大信息的时间常常严重滞后于市场股价对消息的敏感反应，以至于束手无策，遇到重大利空信息导致的连续跌停，

根本无法及时卖出先期买入的股票。往往是眼睁睁地看着旷日持久的连续跌停，眼睁睁地看着自己的账上资产急剧缩水，除了捶胸顿足，其他一筹莫展。

例如，2018 年 8 月 10 日，一位朋友微信向笔者推荐了 *ST 亚邦股份（603188），查阅公司基本面，属于化工 - 化学制品行业，2018 年业绩同比增长：

◇业绩预测

截至 2018-08-10，6 个月内共有 2 家机构对亚邦股价的 2018 年度业绩做出预测；

预测 2018 年每股收益 1.14 元，较去年同比增长 31.14%，预测 2018 年净利润 6.58 亿元，较去年增长 31.37%。

净利润　预测净利润

然后查看了它的技术形态，堪称上佳；K 线沿上升趋势线缓慢上行，股价在头日已站上 60 日均线之上，均线粘连出现金叉，5 日、10 日、30 日线开始上穿 60 日线，呈多头排列，股价当日（2018 年 8 月 10 日）继续稳步走高。多项技术指标出现金叉和买入信号。

即便如此，也不敢贸然大单买进，因为我们深知：我们能够看到的所有资料信息，都只能说明上市公司的过去，情况是不断变化的，而买入的那一刻都无法说明，更无法预测买入以后会发生什么。

为避免朋友误认为我"不领情"、怀疑他的选股技术，只是出于表示对他意见的尊重，一破长期遵循的不买别人推荐的股票的"交法—交规"，礼节性地在 11.25 元挂了 2 手买单，试探性地买进了 2 手（见图 1-5）。成交后当天继续上涨，收盘收在 11.51 元。

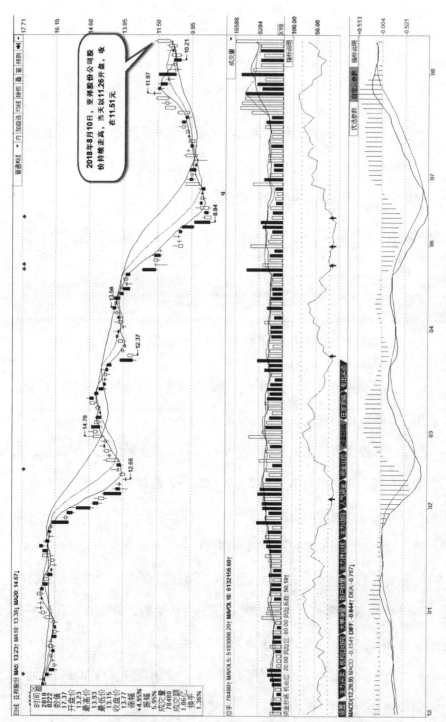

图 1-5 亚邦股份（603188）2018 年 8 月 10 日的 K 线图

2018年8月10日，亚邦股份公司股价持续暴走高，当天以11.26开盘，收在11.51元

成交记录，如图 1-6 所示。

20180810	603188	亚邦股份	证券买入	200	11.250	2250.000	3769	5869	5.000

图 1-6　2018 年 8 月 10 日买入亚邦股份的交易记录截图

在没有任何不祥征兆和相关消息的平静中度过了周末，8 月 13 日周一开市，亚邦股份停牌！在分时图页面左上角发现了信息发布标志"×"，双击信息通知查看标志，弹出了停牌公告（见图 1-7）。

图 1-7　亚邦股份 2018 年 8 月 14 日发布的风险警示信息

8 月 14 日戴上了"ST"的帽子，开盘即跌停。连续数日挂单股票均无法卖出。眼睁睁看着它跌跌不休（见图 1-8）……

对于任何投资者，无论机构或是中小散户，踩上地雷的结果都是悲催的。因此，我们在选股环节千万不可掉以轻心，心存侥幸，务必进行逐一识别。只有这样我们才可能把踩雷的可能性降至最低。

第一类上市公司退市标准：重大违法行为。重大违法行为是指上市公司存在欺诈发行或者重大信息披露违法，被证监会依法作出行政处罚决定，或者因涉嫌犯罪被证监会依法移送公安机关的，证券交易所暂停其股票上市交易，并于一年内做出终止上市的决定。

欣泰电气（300372）是中国资本市场第一家因欺诈发行而被退市的上市公司。相关信息披露后，其股价"飞流直下"（见图 1-9）。

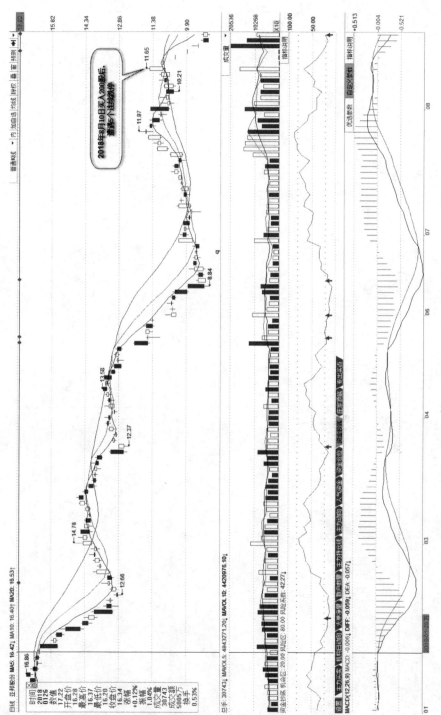

图 1-8　亚邦股份（603188）2018 年 8 月 10 日买入后 4 个连续跌停的 K 线图

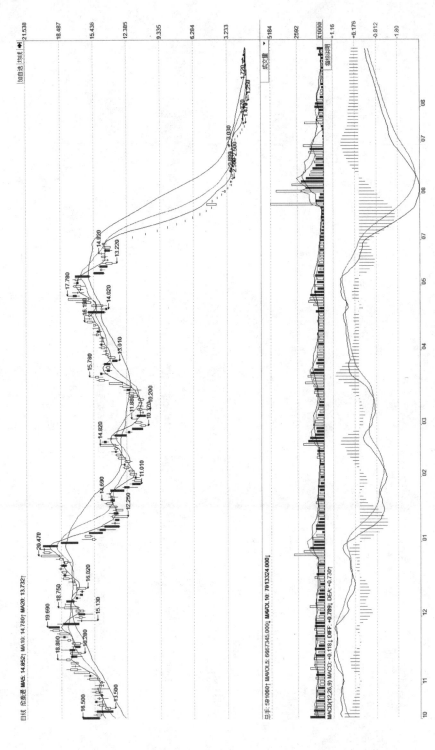

图 1-9 欣泰电气（300372）退市前股价连续跌停的 K 线图

2015 年 3 月 26 日，珠海市博元投资股份有限公司因涉嫌违规披露、不披露重要信息罪和伪造、变造金融票证罪，被公安机关立案侦查。公司股票自 2015 年 5 月 28 日起暂停上市。2016 年 3 月 21 日，上海证券交易所上市委员会召开审核会议，做出了同意终止珠海市博元投资股份有限公司股票上市的审核意见。经由上交所决定终止珠海市博元投资股份有限公司股票上市。*ST 博元（600656）是首家因重大信息披露违法退市的上市公司（见图 1-10）。

为方便从未接触股票走势图的新股民能看懂 K 线图，这里提供简单看图基础知识：

K 图：图中红色或蓝色蜡烛状表示确定时间内的开盘、收盘、最高、最低价。

- 图：是中国特有的 K 线，全天涨停或跌停时出现。标示股票当日的开盘价、收盘价、最高价、最低价四价同一。绿色为跌停，此时股民买入容易，卖出较难；红色为涨停，此时卖出相对容易，买入相对较难。

第二类上市公司退市标准：财务类，即上市公司经营效益不好、连续三年亏损。*ST 众和（002070）2015 年、2016 年、2017 年连续三个会计年度经审计的净利润为负值，2018 年 5 月 15 日起，公司股票暂停上市（见图 1-11）。

2018 年初，又核准了 *ST 吉恩（600432）（净利润、净资产和审计意见三项退市指标），如图 1-12 所示。*ST 昆机退市（净利润和净资产两项退市指标），如图 1-13 所示。

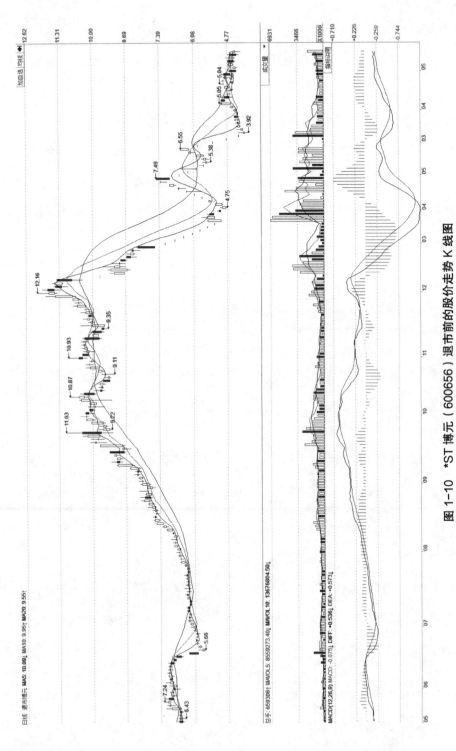

图 1-10 *ST 博元（600656）退市前的股价走势 K 线图

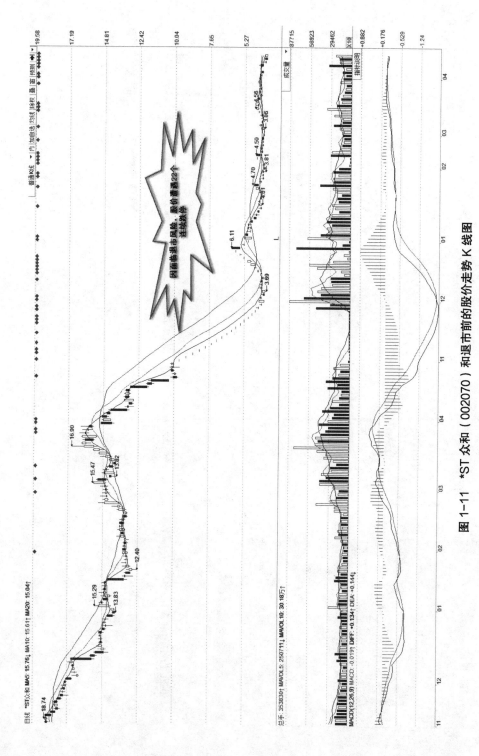

图 1-11 *ST 众和（002070）和退市前的股价走势 K 线图

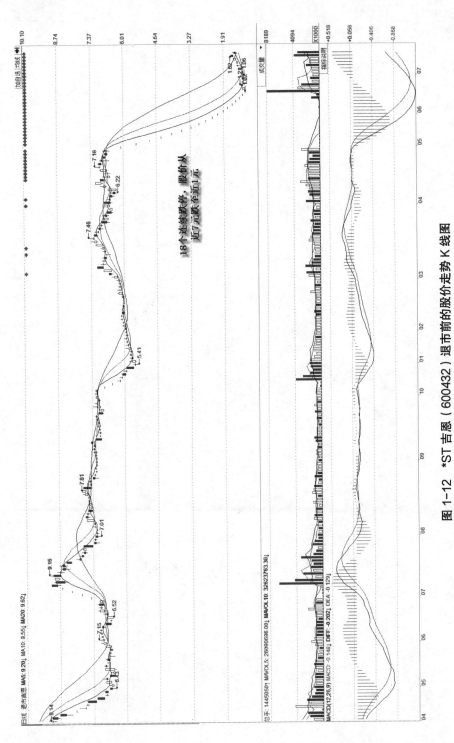

图 1-12 *ST 吉恩（600432）退市前的股价走势 K 线图

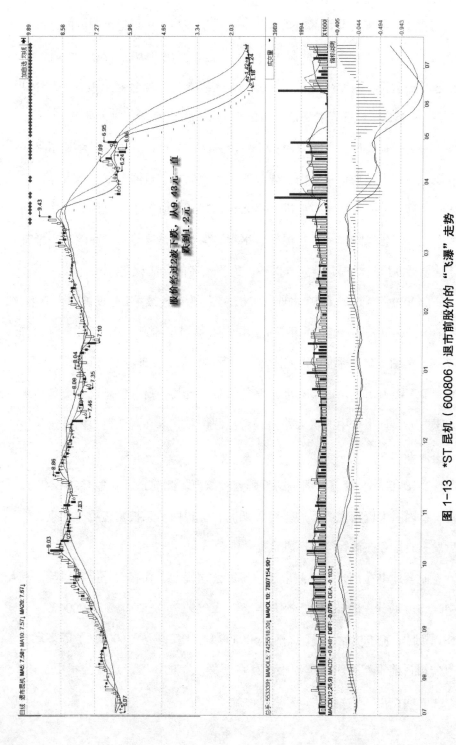

股价经过2波下跌、从9.43元一直跌到1.2元

图 1-13 *ST 昆机（600806）退市前股价的 "飞瀑" 走势

2018年以来，监管部门采取了一些措施以加大执行退市制度的力度。7月7日，深交所发布《持续深化会计审计监管坚决维护退市制度严肃性》，实施严格监管，对 *ST 烯碳（000511）连续3年亏损暂停上市，并对 *ST 烯碳（000511）试图规避暂停上市的行为及时采取监管措施（见图1-14）。

深交所有关负责人同时表示，将持续深化会计审计监管，对利用财务造假、利润操纵来扭亏摘帽，规避连续亏损戴帽、暂停上市及退市等行为从严监管，进一步加大对上市公司和会计师事务所等中介机构的关注和问询力度，强化风险提示、督促勤勉尽责、保证审计质量，从而促进市场整体信息披露质量的提升，充分保护广大投资者的合法权益。

自2001年4月23日PT水仙（600625）因为已连续4年亏损被终止上市，使中国证券市场进入退市元年，此后陆陆续续退市的到目前已近100家，有47家公司触及财务标准已走完法定退市程序，从而在证券市场摘牌。

第三类上市公司退市标准：财务信息违规类。财务信息违规类包括未改正财务会计报告中的重大差错或者虚假记载，未在规定期限内披露年报或中报等。

2018年5月22日，凯瑞德复牌连续跌停。此前，凯瑞德于2017年12月7日因重大资产重组停牌。停牌期间，公司因信息披露违规遭调查，随后发布股票存在被暂停上市风险提示性公告。

截至此书完稿，深沪两市还有多家公司提示了存在暂停上市风险。其中，*ST 上普（600680）、*ST 华泽（000693）、*ST 地矿（000409）、*ST 凯迪（000939）、*ST 抚钢（600399）、*ST 毅达（600612）等多家上市公司目前没有按时披露年报，存在暂停上市的风险。这些公司中，*ST 上普、*ST 华泽因连续三年亏损已停牌。

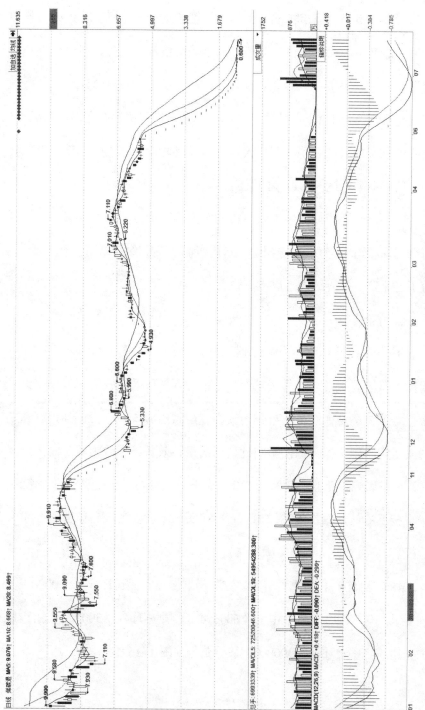

图 1-14 *ST 烯碳（000511）连续三年亏损面临暂停上市的股价走势

第四类上市公司退市标准：市场交易规定指标不达标。其主要包括股本总额、成交量、股票市值、股票二级市场价格等。此类公司退市在我国目前尚无此例。2018年8月底到9月初，中弘股份（000979）因为连续15个交易日股价都在1元（股票面值）以下，而被6次提醒存在暂停上市风险。随着我国股市的日臻完善，理性投资主体和良好投资环境的建设，必然会出现因此项标准不达标而退市的案例。

从上述已经退市或面临即将退市的案例的股价走势图可以看出，一旦上市公司面临退市，直接反应便是股价应声而下，或"纵身跃下悬崖"或"飞流直下三千"，最终结果是退市摘牌。

2. 公司债务

上市公司生产经营不可避免地需要资金投入。在自有资金不足，为维持生产经营活动正常运转的情况下，会进行多种形式的融资。但是，无论是银行贷款，还是在债市发行公司债，或是其他形式的借债，都存在到期履约偿还的问题，都会直接影响到公司的最终效益，有时因受宏观经济形势或政策的影响、企业经营状况变化、企业效益制约，造成偿还债务违约，市场直接反应就是股价的"雪崩"。股民买入了此类股票，就要承受重大的亏损。

2018年初夏，上市公司债务"雷"相继爆出。盛运环保（300090）、凯迪生态（000939）、*ST中安（600654）、神雾环保（300156）相继爆发债务违约。盛运环保（300090）股价走势如图1-15所示。

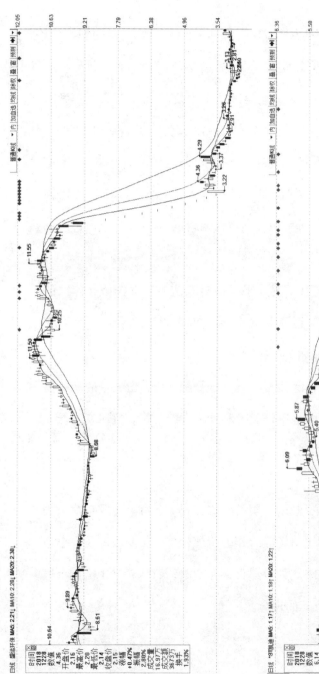

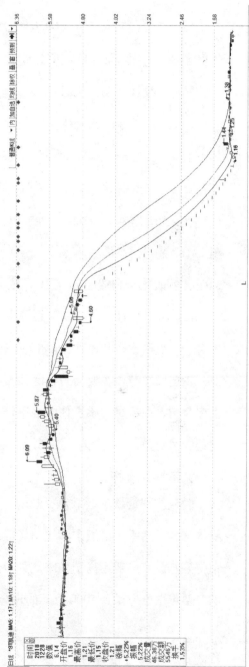

图 1-15 上图盛运环保（300090）、下图凯迪生态（000939）因债务违约问题影响价格走势 K 线图

稍早之前，盾安环境（002011）和江南化工（002226）的控股股东盾安集团爆发出数百亿元巨额债务危机，更是震惊市场。

据有关统计表明，实时 A 股市场 3424 家上市公司 2018 年第一季度末合计负债 31.74 万亿元，整体负债率为 61%。18 家公司负债率超 100%，其中有 15 家是 ST 公司。负债率最高的 *ST 保千（600074），其负债率高达 272%，独占两市鳌头；其次是 *ST 东电（000585），其负债率为 165.7%。*ST 德奥（002260）等上市公司负债率超过 100%，其股价走势见图 1-16。

巨额债务与企业盈利能力低下几乎是一对双胞胎。宣告债券违约的 *ST 中安（600654），2017 年巨亏 7.35 亿元，2018 年第一季度末负债率为 73%。流动比率和速动比率也在偏低水平。

在选股环节中，要努力排除债务"雷"，躲避"压力山大"的高负债上市公司，而要尽力挑选债务水平低、盈利能力强的公司。负债率越低，盈利能力越强，安全边际就越高。

3. 高股权质押

股权质押贷款是上市公司股东常用的融资方式。上市公司股东找相关机构贷款，用手上的股票参照市场股价作为价值标准，按照法定质押率申请得到贷款，一般不高于 60%。如果质押率是 50%，意味着拿 1 亿元市值的股票可以质押得到 5000 万元的现金。

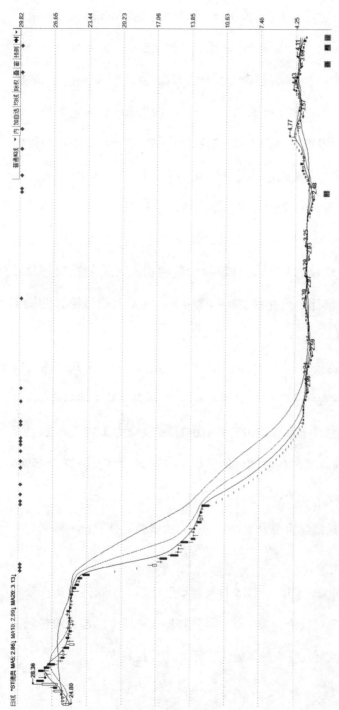

图 1-16 *ST 德奥（002260）在债务问题影响下的股价走势

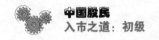

但是，当遇到股价持续下跌时，股权质押贷款就要面临巨大的风险，质押的股份就会大幅贬值。当市场价值低于当初发放贷款的数额时，金融机构会要求补充质押物。如果没有按时补充，且贬值仍难以遏止，金融机构就会采取强行平仓，抛售质押的股票，作为收回借贷的资金。另外，过高的质押融资会导致投资者对企业资金链断裂的担忧，而在二级市场抛售上市公司的股票，同样会造成市场股价闪崩跌停。

2017 年财报披露，乐视网实际控制人贾跃亭持股数量为 512133322 股，其中已有 497793908 股处于质押状态，占比超 97%；贾跃民持股数量为 43947249，其中已有 43280000 股处于质押状态；乐视控股持股数量为 11941156，全部处于质押状态。一度引发市场对其烧钱扩张发展模式的担忧。

2018 年深交所就乐视网年报发问，涉及乐视网是否面临暂停上市等问题。由此导致股价"飞流直下"，一路连续 11 个跌停，从 15.33 元一直跌到 4.34 元，后又继续下行，到 2018 年 8 月 15 日股价为 2.34 元。如果在 2017 年 4 月 14 日前以当时相对较低的价格 15.2 元的价格投入资金 15200 元买入 1000 股，那么到现在其股票价值仅有 2340 元（见图 1-17）。

2018 年上半年连续爆出部分上市公司因重要股东质押股份面临强行平仓风险而引发跌停潮。

例如，金龙机电 2018 年 5 月 15 日复牌后已连续 6 个跌停，根据公司最新公告，因近日公司股价大幅下跌，导致控股股东质押的部分股份触及平仓线，存在平仓风险，股价一路震荡下行（见图 1-18）。

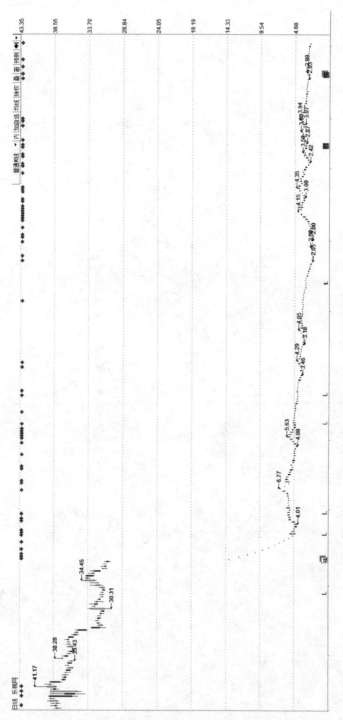

图 1-17 乐视网（300104）在股权质押问题影响下的股价走势图

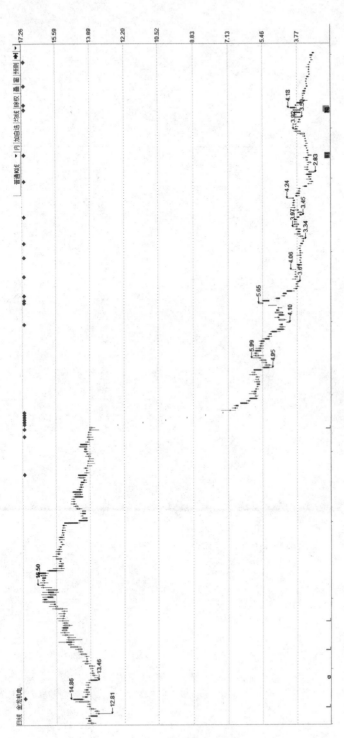

图 1-18　金龙机电（300032）股价走势 K 线图

因为与其他融资方式相比较，股权质押融资相对简便快捷，因此如今这种融资方式在上市公司中得到了普遍运用。有关数据统计显示，截至2018年上半年，全部A股上市公司中，有3300多家进行了股权质押，占统计同期上市公司总数的95%，几乎是上市公司无公司不质押。其中质押率超过60%的公司有53家，藏格控股（000408）、银亿股份（000981）、美锦能源（000723）、供销大集（000564）、海德股份（000567）、茂业商业（600828）、印纪传媒（002143）、赫美集团（002356）、九鼎投资（600053）9家质押率更是超过70%。时至此书完稿仍有2000余家仍未解押。

A股市场上市公司中随着股权质押数量的大幅增长，遭遇平仓风险的上市公司比例也开始同步增长。不可避免地将债务风险传导到股市。

2017年7月25日，洲际油气的第一大股东广西正和实业集团有限公司质押给长江证券的8680万股股票，被资金提供方通知要求强制平仓，首开强平之先河，随后各种原因导致的强平接踵而至。2017年11月皇氏集团发布公告：其董事徐蕾蕾女士的证券账户于2017年11月21日卖出公司股票649187股，被东方证券强制部分平仓。平仓原因是：徐蕾蕾因股票质押未能完成到期回购，且跌破最低履约保障比例后未能实施相应履约保障措施，构成违约。

2018年5月，奥瑞德、融钰集团、金龙机电、冀凯股份、*ST慧业等多股盘中出现了股价闪崩并连续跌停的走势，正是"连环雷"引爆的结果，给新老股民上了生动的风险教育课，敲响了尽力避开雷区的警钟。

4. 限售股解禁

上市公司IPO首发或日后的增发，对公司实际控制人或股东持有的股份

在持有时间周期上作了一定限制，锁定其股票禁止在二级市场出售。当限制出售时间周期过后，可以在二级市场出售持有的股票，叫作限售股解禁。

解禁到期限售股的数量直接对二级市场的股价造成短期影响甚至巨大冲击。相当于市场买入资金暂时相对没有增加的情况下，一下增大了股票的大量超需求的供给，出现严重失衡，导致股价下行。

一般而言，限售股解禁的规模越大，解禁股减持压力也越大；禁售期满时二级市场的股价较手持限售股的成本差价越大，获利卖出的减持意愿也越大。

因此，此时若买入股票，其股价虽不及退市"黑天鹅"般价格"飞流直下"，但是也具有一定的跌幅。

2018 年 5 月 21 日刚完成解禁的奥特佳发布解禁公告，5 月 21 日公司 11.07 亿股限售股上市流通，占公司总股本比例的 35.36%，解禁市值达 40.04 亿元。在即将解禁的一段时间内，股价一直呈震荡下行趋势，直至跌去大半。

从图 1-19 中可以看出，2018 年共有 3 次解禁高峰，分别是 1 月、6 月和 12 月，合计解禁千余亿股，解禁市值预计高达万亿余元。

相关数据统计显示，2018 年上半年解禁的上市公司股票市值超过千亿元，解禁收益率超过 50% 的公司有 20 家，分别是国睿科技（600562）、美的集团（000333）、当代东方（000673）、雷科防务（002413）、融捷股份（002192）、国轩高科（002074）、京山轻机（000821）、常山北明（000158）、世联行（002285）、万润科技（002654）、广汇汽车（600297）、中国电建（601669）、海亮股份（002203）、宝德股份（300023）、上港集团（600018）、三友化工（300409）、百润股份（002568）、南山控股（002314）、恒康医疗（002219）和包钢股份（600010）。

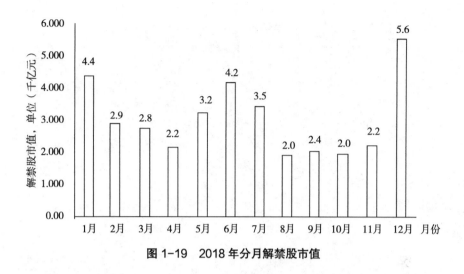

图 1-19　2018 年分月解禁股市值

5. "问题"突发

此类风险具有强烈的非标准化、非普遍性的特点，我们把它归之为"问题"突发类。例如，新近发生的上市公司环境污染排放不达标受罚、子公司生产场地搬迁停产、上市公司突发重大安全事故等，高管"出事"等都直接影响到上市公司在特定时间内的经济效益进而影响股价的走势。其共同的特点，都是具有非常大的偶然性。事前找不到任何蛛丝马迹，难以防范。

前面引用到本书作者之一意外踩雷一例，ST 亚邦（603188）跌停（见图 1-20 ~ 图 1-22）。

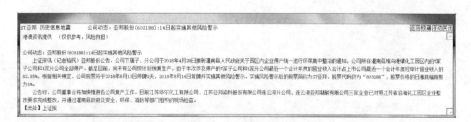

图 1-20　ST 亚邦（603188）2018 年 8 月 14 日发布分公司停产进行环保整治的风险提示信息

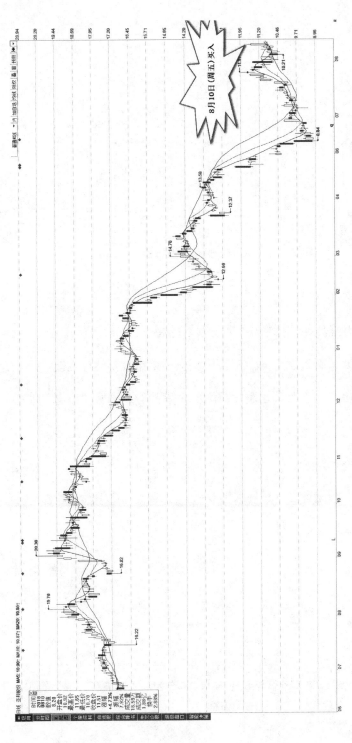

图 1-21 ST 亚邦（603188）2018 年 8 月 10 日的漂亮 K 线图

2018 年 8 月 12 日，发布风险警示公告后，已连续 4 个跌停之后，接着又发布了收到中国证监会处罚的消息。

即使 8 月 12 日（周日）从中国证监会指定披露上市公司信息的相关报纸上看到了这条公告，8 月 13 日周一开市，ST 亚邦（603188）因发布信息停牌一天，8 月 14 日周二 9 点 25 分一开盘，6 位数的卖单横在了跌停板上。此时你就是砸破眼前的电脑，也打不开 ST 亚邦（603188）的跌停板。

"雷爆"之后，ST 亚邦（603188）急转直下，接连跌停，造成投资人损失惨重（见图 1-22）。

康尼机电（603111）于 2018 年 6 月 23 日发布《康尼机电关于龙昕科技董事长涉嫌违规担保等事项暨重大风险提示性公告》之后，受其影响，股价从 10 元以上跌到 4 元多，到目前已经斩去 60%。而从 K 线的高处向下到如今，斩去高达 70% 以上（见图 1-23）。

2018 年 4 月 16 日美国政府拉开了对华贸易战序幕，总统签署禁令：禁止美国企业向中兴通讯销售元器件（见图 1-24）。受此影响，中兴通讯（000063）连续 9 个跌停，股价从 31.5 元跌到了 12.6 元。如前所述，这类"地雷"的最大特点是突发性，在"雷爆"之前，没有任何蛛丝马迹，因而发现难、识别难、防范难。因此，也难以找到有效的应对措施。唯一的防范方法就是严把买入关：小单买入，轻仓持有，一旦撞上，止损出局。

除了上述 5 大雷区外，还有"增发""大股东减持"等，虽不算"响雷"，"威力"不大，但也会导致股价下行。

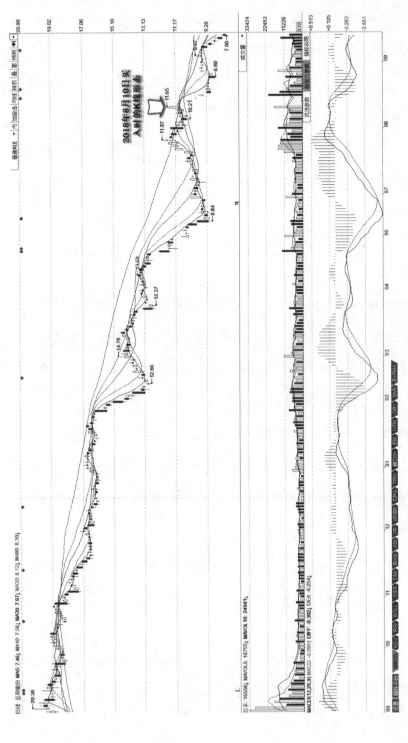

图 1-22　ST 亚邦（603188）2018 年 8 月 10 日以后的股价走势图

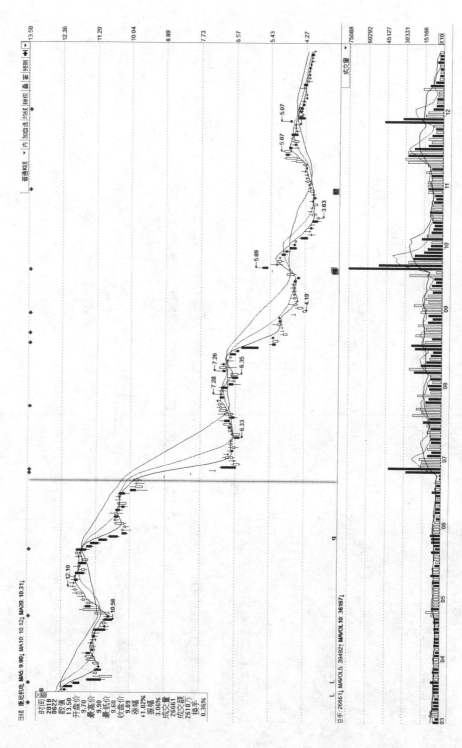

图 1-23 康尼机电（603111）受违规担保问题影响股价走势图

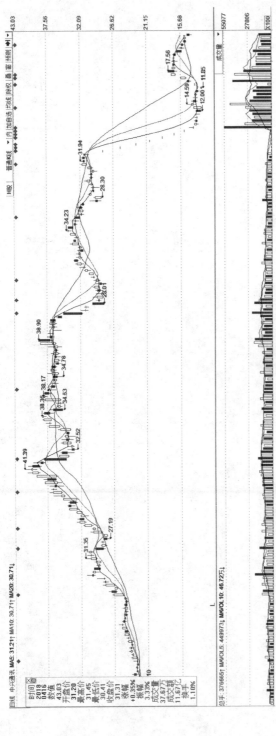

图 1-24 中兴通讯（000063）因受美发起对华贸易摩擦影响下的股价走势图

上述各种"地雷"，可谓"星罗棋布"，鱼龙混杂在股票市场之中。它们的风险程度由高到低，以"退市雷"为风险之最，"解禁雷""问题雷"虽不至于置人于"死"，但造成的硬伤——财富损失也是十分巨大的。它们都有着共同的作用，或者说能造成相同的结果：导致股价的连续跌停，让买入的投资者财富瞬间遭同遭斩式的巨大亏损。

第三节　F5 和 F10 运用

　　我们曾经的一位朋友，自称是技术派短线高手。他极端地看重技术分析，经常得意地声称：我只要一个 F5 键（技术分析）足矣，从不用 F10 键（基本分析）！他也的确在炒股过程中把 F5 键的运用发挥到了极致。他通过 K 线走势图选出的股票，大多能在极短的时间短线获利出局。

　　股市中曾经有过激烈的争论，很长时间以来就存在着技术分析和基本分析两大主张甚至是派别倾向。两种主张曾经进行过激烈的隔空论战，彼此否定对方或轻视对方。技术分析派认为：基本面的一切最终都在股价走势的形态上反映出来，主张只要通过技术分析，选出会涨的股票就行，用不着去看这看那，听这听那，翻这找那。对此，基本分析派则不苟同。他们认为：只能说明过去、已经走出来的价格 K 线对投资者而言，如同是用过的、被扔掉了的卫生纸，毫无意义，这种走势图连观赏价值都不存在。对那些个连续数日跌停的股票，前面的技术形态再好，你如果此前买入，那么在后面的连续跌停过程中，再高的技术分析也找不到夺路而逃的幸免之术，哪怕是机构、主力或是庄家。在我们看来，两种观点都未免失之于偏颇。我们不排斥任何一种分析，极力主张兼收并用。主张不同的时候选择不同的分析和应用。作为初入市的新股民来说，一时半会到不了那个境界。要坚持永不赔钱的交易法则，还得从 F10 开始迈步。就像刚开始开车，就别想像赛车手一样，还是时刻勿忘多踩刹车！

就初入股市者而言，为了探明雷区、避免误踩地雷达到识别和防范风险的目的，技术分析的确难有作为。同时，对于缺乏相关技术学习，连什么是 K 线都不知的新股民来说，F5 的作用也只能是进去看看热闹。而了解有关上市公司基本情况的信息通道和快捷方式就是 F10。

一、使用 F10 的简单步骤

第一步：下载安装股票行情分析交易软件。

F10 是股票行情交易平台软件里查看上市公司基本情况的一个专区，通过按键盘 F10 键或页面相关命令按钮进入。当我们在证券营业部或网上具有股票经纪资质的相关机构开好户后，通常就需要一个股票行情分析交易软件，乾隆、大智慧、通达信、同花顺、东方财富等，都属于这一类。各个证券公司都在本公司官网上提供了多套可以选择的行情分析和交易的平台软件下载。新股民可在证券公司营业网点的工作人员指导下，学习下载、安装和使用。

第二步：单击"报价"菜单按钮，进入个股分时走势页面。

第三步：按 F10 键，进入上市公司基本信息页面。不同的分析软件的 F10 界面布局风格不一。

国泰君安的大智慧 F10 界面图，如图 1-25 所示。

通达信的 F10 界面图，如图 1-26 所示。

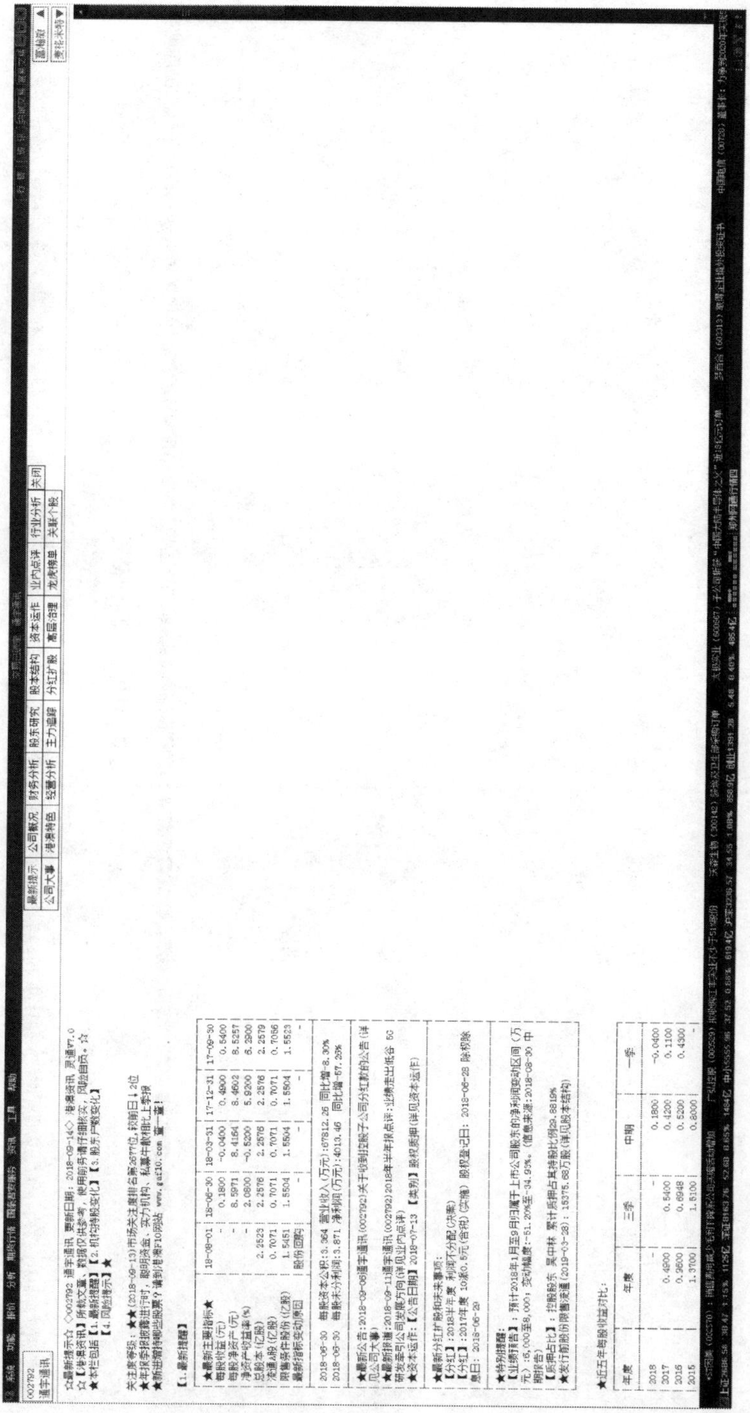

图1-25 国泰君安的大智慧的F10界面截图

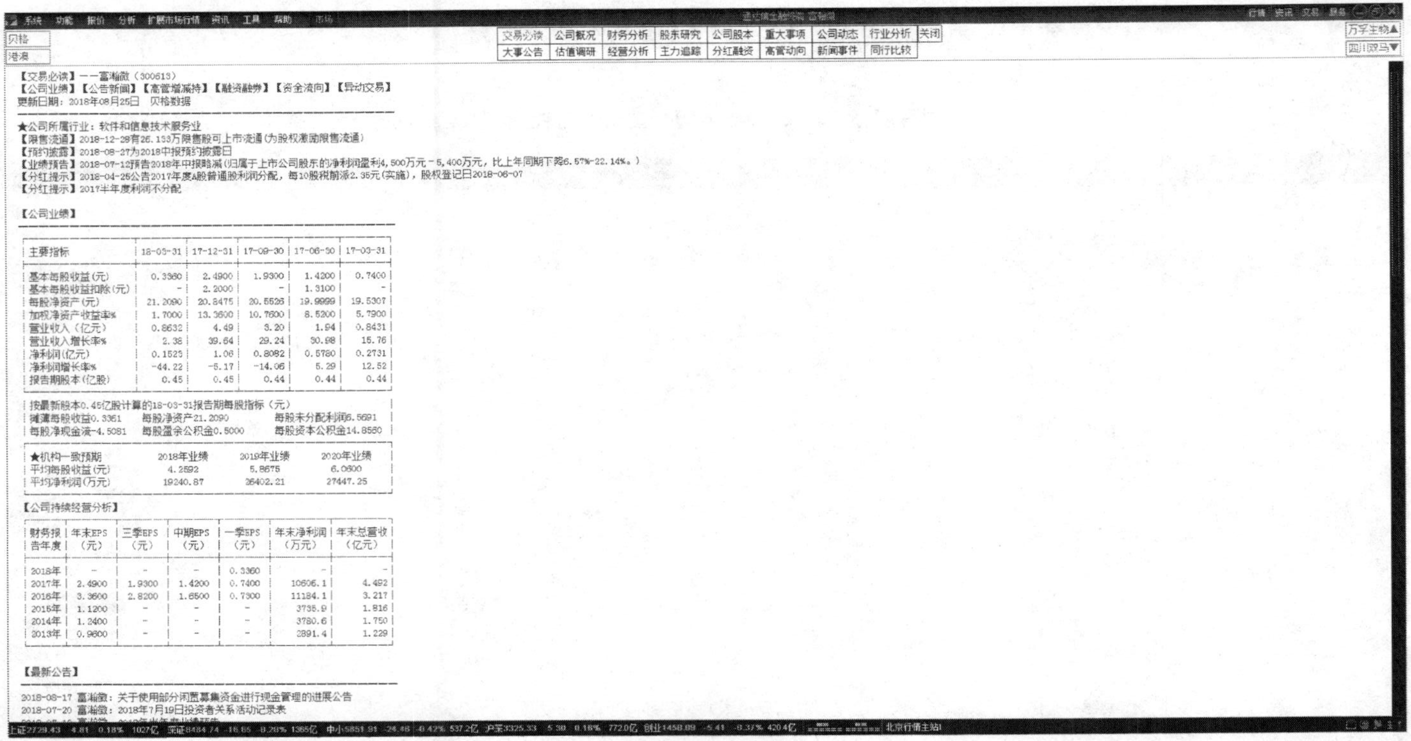

图 1-26　通达信的 F10 界面截图

东方财富的 F10 界面图，如图 1-27 所示。

图1-27 东方财富的F10界面截图

光大证券—金阳光的F10界面图，如图1-28所示。

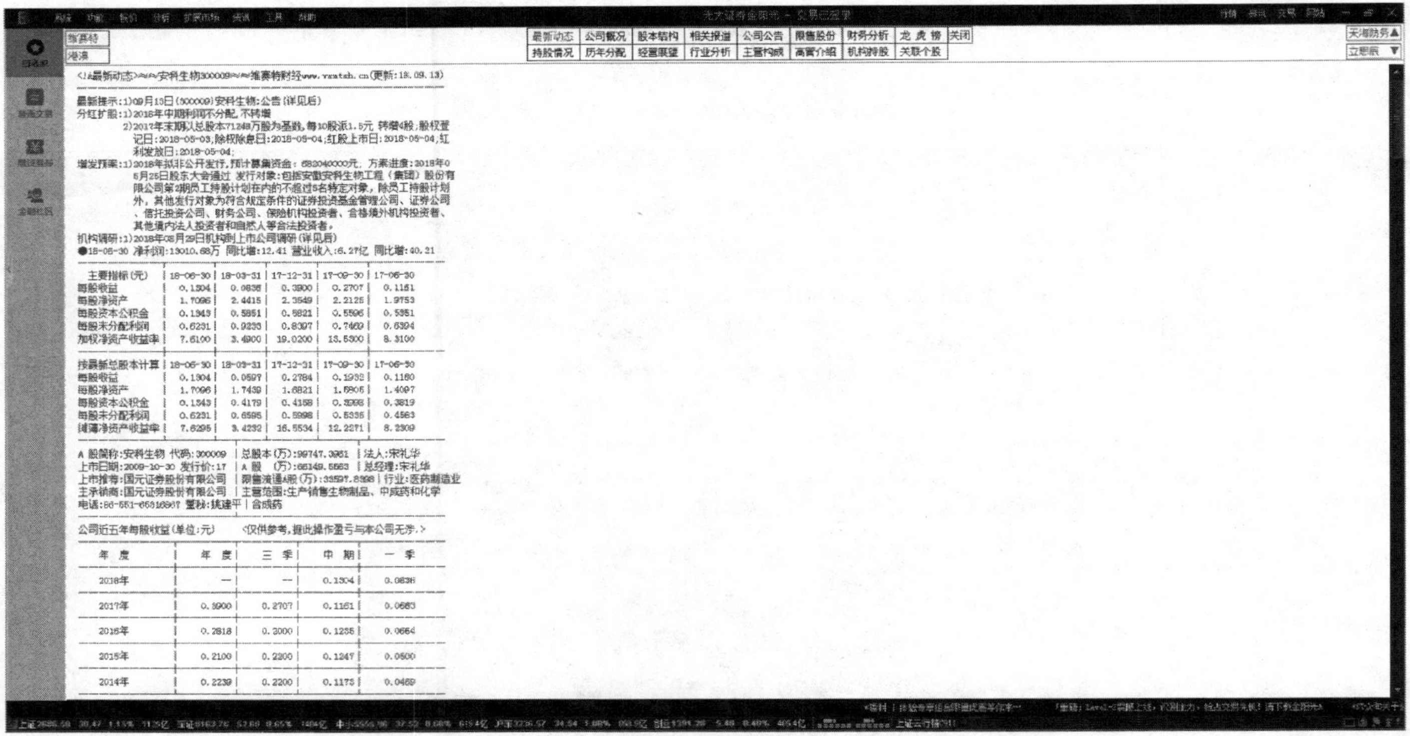

图 1-28 光大证券 - 金阳光的 F10 界面截图

同花顺的 F10 界面图，如图 1-29 所示。

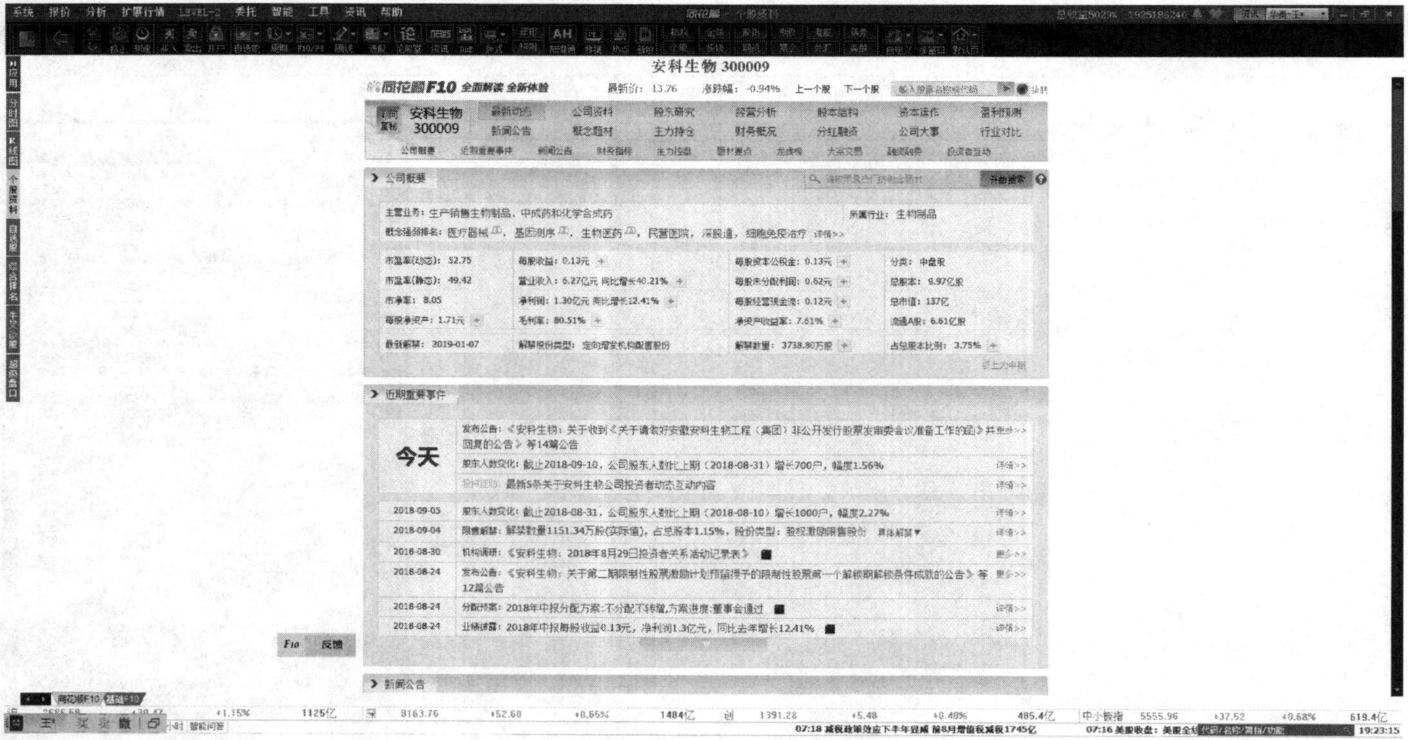

图 1-29 同花顺的 F10 界面截图

华泰证券网上证券交易分析系统专业版的 F10 界面图，如图 1-30 所示。

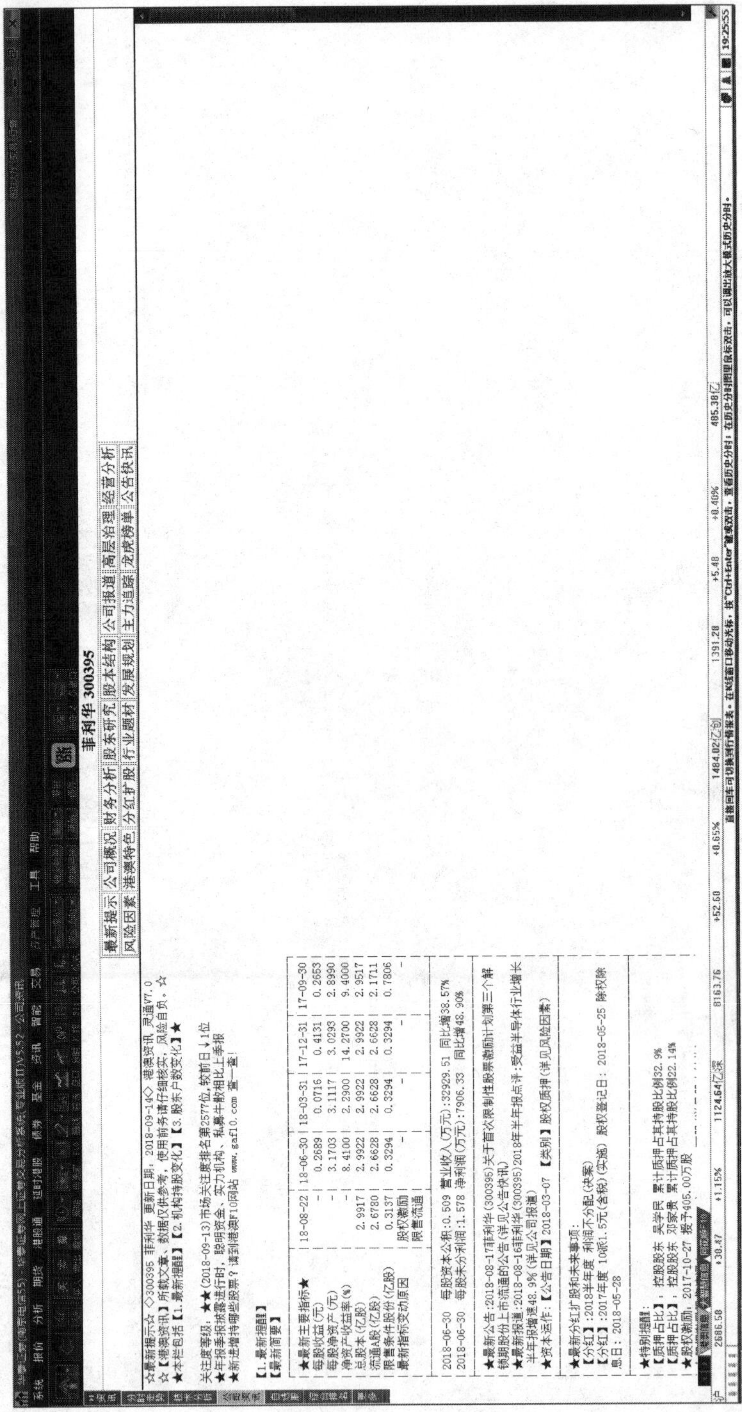

图1-30 华泰证券网上证券交易分析系统专业版的F10界面截图

二、查阅指标，扫雷排险

进入 F10 后的页面虽说存在差异，但我们排雷要看的相关财务指标、数据以及重大信息等都可以从中找到。有的平台提供了较丰富的资料和数据，如果在一个平台查不到，可以跨平台查阅。我们平时通常都是两个甚至多个平台交替使用。

要排"雷"，躲避"雷"区，需要查阅的相关内容、指标大体分为：公司概况、所属行业、经济效益、负债率高低、市场占有、科技实力、产品开发、资本运作、股本结构、盈利能力和偿债能力、股权质押。

通过这些指标，全面了解上市公司，精挑细选，剔除效益逐年下滑、债台高筑、高质押率等属于问题类、具有成为"地雷"潜在可能性的公司。

盈利能力主要看公司现在产品的市场占有率、过去三年公司效益是否递增和新产品的开发及市场前景。

债务指标要看负债率和从财会学角度衡量偿债能力的指标：流动比率、速动比率、现金比率等。

股权质押率，占总股本的比率。

三、好中选优、精选个股

辨识了"雷区"以后，选股就逐渐地接近了我们的最终目标——确定投资标的，通俗地讲就是确定我们准备买入的股票。此时的自选股是经过多次筛选后剩下的数量，应该是极其有限的股票。如果依然还有许多，说明还需要进一步挑选，直到在自选股中的股票数量不是很多。的确，如果结合动态市盈率来考察上市公司，能够入围理想的投资标的的股票的确不是很多。网传沃伦·巴菲特只选出了 7 只。

四、多渠道、多场合地收集各种与上市公司相关的利好或利空信息

客观事物总是不断变化的，受到各种宏观、微观因素影响的上市公司的经营状况也在不断地发生着变化。这就需要我们及时地了解和掌握，不断地调整我们的操作，以适应我们的投资法则。

身处地雷密布的股市，防雷的利器就是通过各种信息渠道及时获取相关信息，提前预见，提前回避，除此之外，别无他途。

了解收集信息的方式有很多，除公开发布的季报、半年报、年报之外，还有报刊、电视、网络等多种媒体，以及网上的许多正规的财经类网站。总之，渠道越广越好。

第二章　慎过买入关

2016 年四五月间的一天清晨，在社区乒乓球场打球晨练过程中，与一位大学教师闲谈无意间谈到了股票，说他的一位同学在帮他炒股，那位同学炒得很不错，赚了不少钱，去年他同学让他打进股市 5 万元帮他开户，代他炒股，因此觉得他的这个同学很够意思。

听后，我不经意地问了一句："帮你赚了多少钱？"

"还没有赚钱。套住了。"他回答。

"啊？他什么时候帮你炒的？"我有点纳闷。

"去年，好像也是差不多这个时候。"

"买的什么股票？"我又问道。

"还不晓得。"他说，"我问一下他就晓得了。"

我又补了一句："你只要告诉我他给你买的什么股票，我就知道他是一个什么水平，你的股票要套多长时间。"

第二天清晨，他又来打球，告诉我他同学帮他买的股票，我随即告诉他："你的同学水平不怎么样，初级水平，给你买的股票三年都解不了套。"

如今三年早已过去，不久前，街上偶遇谈话间他又提起股票一事，说："你说得真准，这三年过去了，不仅没有解套，而且越套越深。我同学告诉我，现在只能做长线了。"

后来他又说道："我的那个同学确实不行。我给他 5 万元钱，他就给我买一只股票。鸡蛋不能同时放在一个篮子里。要多买几只，这个跌了，那个涨，东方不亮西方亮，也不至于亏那么多，现在都亏 60% 了。"

我回答道："那也未必，你只要买的是股票，那就都难逃其跌。"

最后他问我："你怎么连我同学什么价帮我买的股票都不问，就晓得

三年解不了套？而且你只问什么时候买的，就晓得亏到现在？"

我笑了笑，没有作答。

他突然问我道："是不是他股票买的不是时候？"

我开玩笑般回答他："你比你同学还在行一些呀！"

第一节 择机"买入"

当选好了股票以后，我们就来到了"买入关"口。买入的重要性可以和选股等量齐观。我们选好了股票，不择时机盲目地买入，即便排除了地雷，是质地优良的股票，最终也难以从中赚钱，而且也同样难逃亏损厄运。特别是当大盘疯狂的时候，例如2015年6月最疯狂时，无论你买入什么股票（除极少数之外），今天都是深深套牢，和现在踩上某些地雷的亏损数额几乎相同。因此可以说，时机选不好，买入关难过。

那么我们应该怎样顺利通过"买入关"呢？

初入股市，我们要像登山旅游一样，从容出发，先要弄清出发的方位，确定好目的地，即确定自己是在一个山脚下，目的地是要到山顶上去，为自己投资成功选择最好的时机。如果没有确定好，其结果就是买入时股价置身于一个山顶，买入后最终到达的却是山脚。如同前面我们的一位球友讲述的情形。

对于新股民而言，仅凭感觉来判断是否是入市好时机十分困难，即便

是老股民也很难保证确实买在"山脚"，卖在"山顶"，大多数股民都是买在了"半山腰"，卖在了靠"山脚"。为了能选择买入的良机，克服股市中的"逆行"，比较可靠的是运用 F5 键，测量"海拔高度"差。

具体操作步骤如下：

（1）运行股票行情分析交易软件，按 F3 键，进入上证综指分时页面。

（2）按 F5 键，进入日 K 线图。

（3）察看目前上证综指实际运行点位，寻找历史上近、中、远期的低点、高点、现行点位与历史近、中、远期的高、低点相比较，明确自己所在的"海拔高度"，为是否决定买入提供参照。

为能看清全部历史"全貌"，有时需要运用"↓"键以压缩 K 线图，或是运用 F8 键调整 K 线图的周期，进入到较长时间周期的周、月、季、年 K 线，查看现在点位和历史上的前期高、低点位的"高度差"，从理论上看，大盘指数越接近于历史上的最低点，越安全，越是金买点；次低点，则次之。

相反，越是接近于最近的前期低点，就越要经过检验。这种低点往往很容易打破。越距离前期历史最高点，风险程度越高；越距离历史最低点，安全边际越高。以此作为判断系统风险的参照，做到风险大小心中有点谱。

上证综指近期走势日 K 线图，如图 2-1 所示。

2018 年 2 月 2 日开始的长达半年的下跌过程中，认为会有支撑的较近的 3016 点和 2780 点都没经得起检验而被相继击穿。一直跌到了跨年度的 2016 年 1 月 29 日的低点 2638.30 附近。

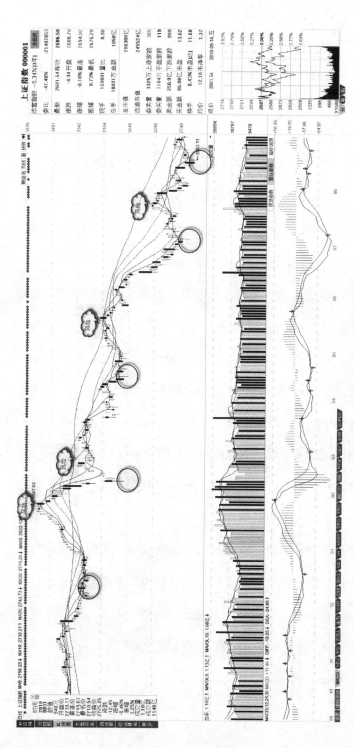

图 2-1 上证综指近期走势日 K 线图截图

在确定了自己的"方位""海拔高度"，自我感觉没有站在"山顶"以后，接下来就是在精选的自选股中确定所在个股的"方位"。寻找买入时机同样要运用 F5 键，具体操作步骤如下：

（1）进入自选股票池。

（2）选择待买的股票名称（代码）：例如，独立于大盘不随大盘一起调整、长期走牛、一直保持上升趋势的上海机场（600009）。图中的奇数点位 1、3、5、7、9 都是股价在经过一段上涨以后回调到前期对应的低点价位，奇数 1、3、5、7、9 就是理想的买入价位（见图 2-2）。

又如，2018 年基本随大盘一起调整、先期见顶的万科 A（000002）从年初进入调整（见图 2-3）。

基本上是以高点垂线为对称轴、以跨年度的低点对称逐波下跌—反弹—再下跌，连创新低，股价从 44.84 元一直跌到了 23.16 元。在奇数点价位买进并借反弹及时卖出，都是可获利的买点。

再如，创业板次新股菲利华（300395），前期股价点位（偶数）对应现时股价点位都是参考的买点（奇数），都有较好的获利空间（见图 2-4）。

第二个要过的重要买入关应是后续买入——补仓。这种买入操作隐藏着极大的风险。可以说补仓不当，就会掉进吞蚀财富的无底洞。常常出现的情形是：有的股民先手买进一只股票后，恰遇股票下跌被套，于是为摊低成本，立即补仓。有的甚至在相差无几的价位上连续买入，股票没有止跌，全部资金用完，由开始轻仓被套变成了满仓被套。本来不补只是小亏，结果越补越亏，小亏变巨亏。

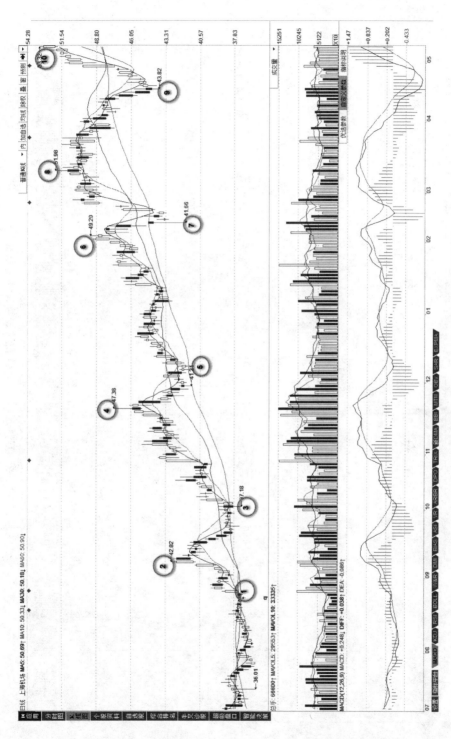

图 2-2 上海机场（600009）股价走势日 K 线图截图

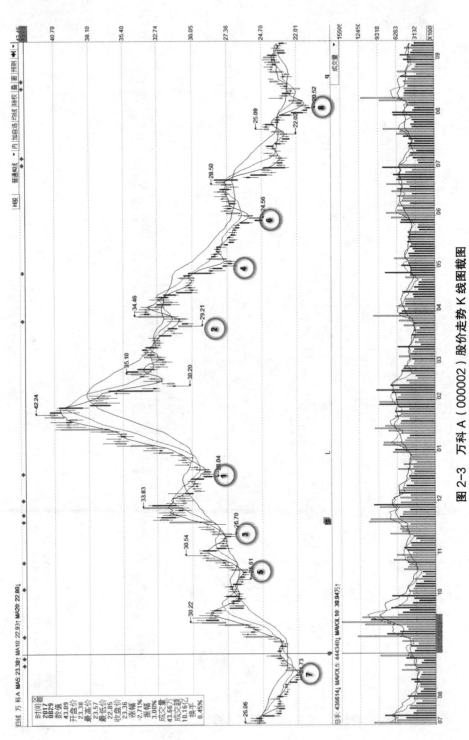

图 2-3　万科 A（000002）股价走势 K 线图截图

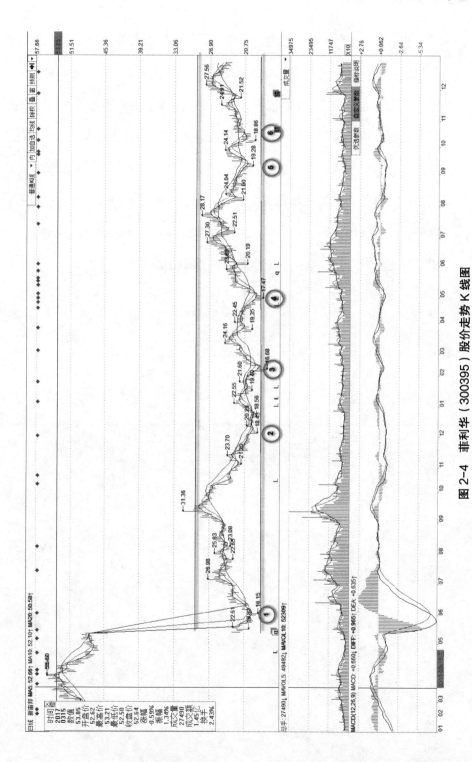

图 2-4 菲利华（300395）股价走势 K 线图

补仓是买入环节的"蛋缝"，也是新老股民最大的"风险源"。因此，要严加防控，绝不可掉以轻心。遇此情况，不可急于补仓，务必做好"三看""三确认"：一看下跌原因，弄清是否踩雷。如是踩雷，万不可补仓，唯一正确的就是及时卖出先期持有的股票止损。二看是否下跌已经到位，如果没有到位见底，不可盲目补仓，结果只会是刚刚补仓又见新低，越套越多。三看是否带量，如果成交量较以前放大，说明抛压仍重，不可盲目补仓。一确认不是踩雷；二确认下跌基本到位；三确认成交已经缩量，此时挂单买入补仓，安全性、可靠性相对要高很多。

第二节　"鸡蛋"入篮

本书作者之一的朋友一天让我们帮忙看看股票，俗称"诊股"。总共投入资金不足 4 万元，竟然买进了 9 只股票，只只套牢，没有一只是盈利的。当她让我们看看她的持仓时，我们不禁用责备的口吻问她："你怎么搞这么多？"

她的回答让人啼笑皆非："鸡蛋不能同时放在一个篮子里呀！"

我们接着告诉她："问题是你要把鸡蛋往篮子里放呀！不是鸡蛋就不要买，不要往篮子里放嘛！9 只股票没有一只是赚的！那放的也算是'鸡蛋'？"

她竟然又回敬我们一句："那怎么知道哪个是鸡蛋，哪个不是呢？"

我们也没有客气，把她的话又顶了回去："不知道，就等搞清楚了、知道了再买，再往篮子里放嘛！"

……

下面请看百度搜索"股市风险"词条里"防范方法"第二条（见图 2–5）。

2.分散系统风险　　股市操作有句谚语："不要把鸡蛋都放在一个篮子里"，这话道出了分散风险的哲理。办法之一是"分散投资资金单位"。60年代末一些研究者发现，如果把资金平均分散到数家乃至许多家任意选出的公司股票上，总的投资风险就会大大降低。他们发现，对任意选出的60种股票的"组合群"进行投资，其风险可降至11.9%左右，即如果把资金平均分散到许多家公司的股票上，总的投资收益率变动，在6个月内变动将达20.5%。如果你手中有一笔暂时不用的、金额又不算大的现金，你只能承受其投资可能带来的损失，那你可选择那些又高收益的股票进行投资；如果你掌握的是一大笔损失不得的巨额现金，那你最好采取分散投资的方法来降低风险，即使有不测风云，也会"东方不亮西方亮"，不至于"全军覆没"。办法之二是"行业选择分散"。证券投资、尤其是股票投资不仅要对不同的公司分散投资，而且这些不同的公司也不宜都是同行业的或相邻行业的，最好是有一部分或都是不同行业的，因为共同的经济环境会对同行业的企业和相邻行业的企业带来相同的影响，如果投资选择的是同行业或相邻行业的不同企业，也达不到分散风险的目的。只有不同行业、不相关的企业才有可能次损彼益，从而能有效地分散风险。办法之三是"时间分散"。就股票而言，只要股份公司盈利，股票持有人就会定期收到公司发放的股息与红利，例如香港、台湾的公司通常在每年3月份举行一次股东大会，决定每股的派息数额和一些公司的发展方针和计划，在4月间派息。而美国的企业则都是每半年派息一次。一般临近发息前夕，股市得知公司的派息数后，相应的股票价格会有明显的变动。短期投资宜在发息日之前大批购入该股票，在获得股息和其他好处后，再将所持股票转手；而长期投资者则不宜在这期间购买该股票。因而，证券投资者应根据投资的不同目的而分散自己的投资时间，以将风险分散在不同阶段上。办法之四是"季节分散"。股票的价格，在股市的淡旺季会有较大的差异。由于股市淡季股价会下跌，将造成股票卖出者的额外损失；同样，如果是在股市旺季与淡季交替期贸然一次性买入某股票，由于股市价格将由高位转向低位，也会造成购买者的成本损失。因此，在不能预测股票淡旺程度的情况下，应把投资或收回投资的时间拉长，不急于向股市注入资本或抽回资金，用数月或更长的时间来完成此项购入或卖出计划，以降低风险程度。

图2-5　百度搜索关于鸡蛋不要同时放在一个篮子里的释义截图

据悉，中国股民中很多人都认同这种理论，不知是人云亦云，还是自己实践经验的总结，认为这是分散风险，减小投资失误时亏损的有效方法，"可以东方不亮西方亮，黑了北方有南方"。在我们所认识的股民中，这个理论至今依然被不少人所遵循。

今天我们无法知晓这个理论的主张者或初创人，也无法向其讨教"不把鸡蛋放在同一个篮子里"这一理论的适用前提、条件和范围，以及诸如"鸡蛋""篮子"等特定内涵和数量关系。其初创者也许当初不曾预料今天的现实会普遍性地存在一个无法解释的现象：信守和坚持这一理论的投资者如今大多得到了与其相反的结果，他们的战绩和规避风险的能力都和这一理论的结论相距甚远，其实际结果和投资人的愿望完全相反。信奉这一理论的股民大多战绩不理想，大多是套牢和亏损的结局。

这里我们不能不再次引用投资大师沃伦·巴菲特的名言：

分散化是无知者的自我保护手段。对那些知道自己在做些什么的人来说，它几乎毫无意义。

被称为传奇投资家的伯纳德·巴鲁克也曾说道：

一个人把资金分散到太多证券上是不明智的。要想时刻追踪可能改变证券价值的趋势，你需要时间和精力。尽管一个人可能了解关于少数几个问题必须了解的所有情况，但一个人不可能了解关于许多问题必须了解的所有情况。

不是鸡蛋也买了往篮子里放，没有选好股票就买，把股票当彩票，在前面"智闯选股关"中就进行了风险的深刻剖析。篮子里放进了"带缝"的蛋，风险很可能乘隙而入，误踩地雷的概率就会大增。其结果不再重复。因为要想选出一只好股票来不是一件容易的事，要选出十只好股票则是难上加难。巴菲特挑选股票相当著名，堪称慧眼识金，但也只从中国 A 股市场挑出来 7 只。因此，我们在选股环节，一定要精挑细选。

我们主张：不要让"不要把鸡蛋放在同一个篮子里"的理论来掩盖自己的无知，为自己不集中精力精选股票作道义上的开脱。

乔治·索罗斯有一句名言：

如果你对某件事情判断是对的，你拥有多少都不算多。

沃伦·巴菲特和乔治·索罗斯都是站在分散化的对立面的，也就是投资集中于少数投资对象，这正是他们成功的要诀。

美国《财富》杂志曾刊文专门批判分散化——也就是我国的"鸡蛋不要放在一个篮子里"的理论。

"分散化是获利巨额财富的关键"是投资谎言之一。分散化可以避免赔钱，但从没有一个人曾靠某种伟大的分散化策略进入亿万富翁俱乐部。

《战胜华尔街》的作者、美国著名基金管理人彼得·林奇也强调宁缺毋滥，告诫资金小的投资者最多不超过 5 个。

第三节　阶梯价位买入

当然，买入也不可集中一两只股票、一个价位、一笔大单、一次买入，毕其功于一役，买得账上资金够不上一手。正确的买入方法是：坚持梯形价位买入。这样有两个好处，一是防范万一"走眼"买错踩雷，买入的股票少，进去的资金不大，止损卖出不伤元气，返本扭亏还有资金实力。二是一旦判断错了"方位"或者"海拔高度"，碰上了大盘调整，后面则可以更好地价位接续买进。一来可摊低成本，二来可将 T+1 变 T+0，从而充分利用股票价格波动买进卖出，跟上市场节奏，不断高抛低吸。使股票数量相对稳定，持仓成本不断下降，账上资金不断增加。

这种阶梯价位买入和卖出的操作方法，将在后面用一章通过实战例证进行专门讲述。

第三章 "志"闯卖出关

前面定性地分析了股市的风险：是由于主客观、微宏观因素导致买入股票后，在持有或卖出股票时，资金低于先期投入的资金数。它的专业数学关系式如下：

$$f\ (R) = \frac{S}{M}$$

式中风险为 R，购买的股票用去的资金为 S，投入的总资金为 M。

关系式反映风险与股票（购买股票所用资金）的函数关系。当投入股市总资金一定的前提下，风险 R 与购买股票所用的资金 S 成正比。

当投入股市的总资金为 M 时，风险 R 即为买入股票所用资金 S 与投入总资金 M 的比值，当持有的股票越多时，表示用以购买股票的资金也越大，即分子越大，则分数值也越大，风险值也就越大，当持股数为 0 时，用于买股票的资金为 0，分式值为 0，风险值最小，称为无风险。当用于购买股票所用资金等于投入的总资金时，分子等于分母，此时分数值为 1，风险值最大，达到 100%。

因此，卖出股票是管理风险的有效手段。将账面利润变成真金白银落袋为安，以实现进入股市进行股票投资的根本目的的唯一途径。股价上涨以后，分子相对于分母的值也越大，说明风险值也增大，这时要对风险进行动态的管理，即至少卖出一部分；否则，你再会选股，股票再好，如果上涨过程中你没有及时卖出，结果只是享有"纸上富贵"，冒着风险在股市坐"过山车"而已。

在实际操作中，人们在卖出环节屡屡犯错。不断呈现会买不会卖甚至

因涨时一味看涨，跌时一味看跌，结果不时有赚了不卖还等心理价位，跌了又怕深度套牢，亏了割肉卖的案例传出。故股市有了"会买的是徒弟，会卖的是师傅"的说法，足以说明"卖出关"难闯。

那么，如何闯荡卖出关呢？关键就在坚定卖出意志。

第一节　卖出之"难"

　　为什么会出现卖出关难过？有的人把它自我归结为"心大"了、"太贪了"，认为是"心态"问题；有的人错误地在"长线""短线"问题上纠结；还有的人因为买进一只股票以后看到股票立马上涨，因此对股票产生了恋情，舍不得卖，怕卖飞了再选不到这么好的股票；有的人则在止损卖出时不太愿意面对实际亏损，卖出不坚决。因此，有人把上述种种原因说成是"执行力不强"……似乎越来越离谱、越来越偏离问题的本质。

　　由于股市风险的缘故，在卖出股票时需要依赖于坚定意志作支撑的果断。但是，人们在实际操作时面对不断变化的市场，往往产生各种思想变异，从而使果断顷刻变成了优柔寡断或迟疑，使卖出的意念瞬间削弱；使卖出的意志和计划瞬间动摇和改变。

第二节　矢志卖出

上面所述动摇和改变卖出意志和计划的原因都有一定理由，但都是非本质的原因。真正本质的原因在于，投资人没有从防控和管理风险的高度认识卖出是在管理有关持股潜藏的风险，从而珍惜难得的获利卖出的机会，防止卖出意志和计划的瞬间动摇和改变，坚定适时卖出股票的意志和决心。做到哪怕卖飞，也要矢志卖出！

我们通过冷静的分析特别建议：

第一，股票上涨获利时，不要觉得涨很容易，总希望卖在最高点，改变了原来卖出打算，甚至撤掉卖单。

第二，股票上涨时，防止被套风险的心理立即变化为能够卖高一些价位的心理，从而动摇了卖出的心理打算和意志。

第三，不要因为对股价短期能够涨到什么价位心中没谱，就产生看一看的懈怠和心理，代替了挂出卖单的意志和计划。

第四，对股票止损卖出时，不要面对止损会造成的账面实际亏损患得患失，不忍面对"既成"损失，瞬间心生迟疑，动摇卖出的意志。

第五，持有股票等待卖出时，首先忘掉买入股票的时间和价位，实时根据盘口个股的走势特点和技术形态或严格遵循交法交规确定的价位确认应该卖出的价位，按照上升、下跌、横盘三种走势，提前按计划、按交易法则挂出卖单。

第三节 因势而异，提前挂单

股票价格每天的实际走势看起来似乎千差万别、千变万化，涨涨跌跌，虽然其中包含人为因素，但还是遵循着一定的内在规律。在实际操作中，我们可根据这些规律提前计划卖出价位，并在价位未出现前操作——挂单。其中挂单操作的好处在于：比较冷静，不至于盘中受价格走势影响，使原定卖出的计划和操作发生改变。

卖出分为获利卖出（止盈）和亏损（止损）卖出。

获利（止盈）卖出与市场行情和个股股价走势息息相关。所有股票的价格走势虽然形态各异，但从总体来说，大体划分为上升、横盘和下跌三种情形。把握这种价格趋势和行情特点，是我们正确估算和把握卖出价位的前提，从而使我们做到与趋势同步，进行理性操作的保证。

情形一：上升行情。例如上海机场（600009）的走势：2018年独立于大盘走势，大盘跌，它不跌，上升通道一直完好，S0为参照高点，B1为第一个买点，S1为以前期高点的第一个卖点，严格按照到股价回到前期低点处买入，涨到前期高点或创新高卖出。据此不难推出下一个买点和卖点。在此期间学习相关技术，掌握上升趋势和上升轨道的画法和应用，如图 3-1 所示。

情形二：下跌走势。例如万科（000002）：2018 年上半年跟随大盘走势逐波下跌的，在前一波股价上升行情终端的高点 42.24 元的左侧、前期低点距设点对称的右边 B1 处买入，要做到获利及时卖出，以低于近期反弹的高点的价位到距此高点二分之一处卖出为交易法则挂单卖出，如图 3-2 所示。

情形三：横盘整理或震荡走势。例如新宙邦（300037）：对于横盘震荡走势，在一个类似于箱体的价格区间上下的个股如图 3-3 所示，毫不动摇地执行高则抛的交易法则。

具体到个股还有许多不同的甚至怪异的走势形态，真可谓是千姿百态。但相对新股民，可以从这三个容易把握的基本形态做起，简单地掌握卖点，坚决果断地志闯卖出关。进而掌握更多的包括选、买、卖技巧，实现在股市赢利，走上投资晋阶之路。

止损卖出又分为突然爆"雷"和改变趋势。如果是趋势发生改变，一个股票价格上涨具有周期性，当上涨到一定幅度后，就进入了调整周期，横盘整理或下跌。一旦进入到下跌周期以后，质地优良的股票跌幅大约在 20%，深幅可达 50%，可以等待反弹时目标价位卖出。如果是另一种情形，踩爆"地雷"，那么，跌幅就无从判断，像 ST 长生，股价 24.55 元一路跌停，32 个跌停板后价格仅为 3 元多开板方可卖出。此前无论是机构还是主力都是一筹莫展。但一旦确认踩雷，也只有开板卖出。此时千万要自我开导：钱是身外之物，切不要想不开哟！然后理性从中总结选股环节存在的疏忽，以避免重蹈覆辙。

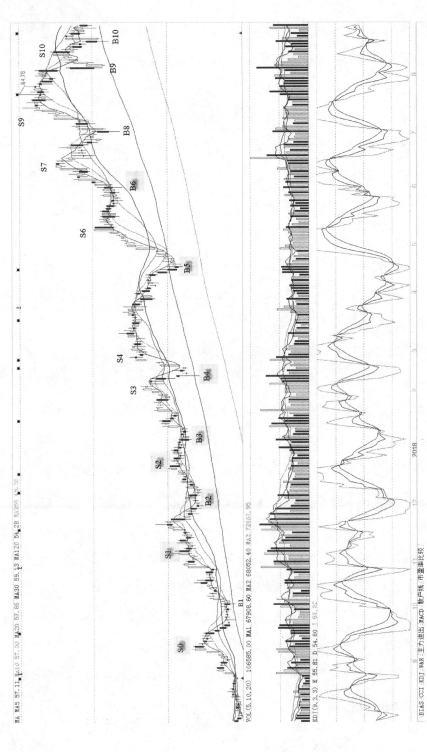

图 3-1　上涨 K 线形态图截图

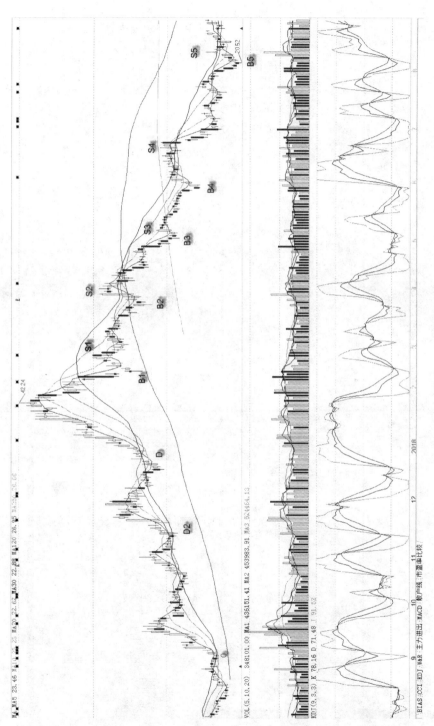

图 3-2 下跌 K 线形态截图

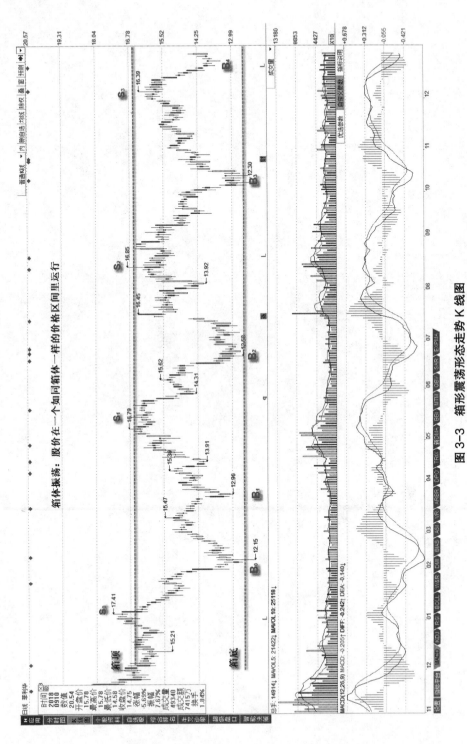

箱体震荡：股价在一个如同箱体一样的价格区间里运行

图 3-3　箱形震荡形态走势 K 线图

第四章　低风险、梯形价位买卖操作法

无论是对于新股民还是对于老股民，股市行情都是瞬息万变，充满了风险和挑战的。而且中小散户在股市里势单力薄，精力、智力、财力都处于绝对弱势，疲于应对股市瞬息万变的风险和挑战。我们曾经设想，按照股神沃伦·巴菲特的经验，精心挑选一只股票，耐心地持有不动坚持数年，"放长线钓大鱼"，创造中国式的巴菲特之路。然而效果虽然有赚，但也不是那么卓然不群，如今连找一个可以长期持有或合适的标的都觉得十分之难，其中的原因还有待进一步探寻。

　　与此同时，我们针对中国股市行情的特点，实盘试验并经实践论证的低风险、分价位、阶梯式买卖操作法具有十分理想的防风险、保本金的良好效果。前期我们的操作在大额资金账户实盘操作，效果比较理想，去年年底接手一个投入仅有 5 万元人民币的小额账户，进入股市的方位处在高海拔的"山顶"3587 点（2018 年 1 月 29 日到达的高点）附近，此后的时间里大盘指数一路震荡下行，到 2018 年 8 月 20 日到达 2652 点，下跌 900多点。然而该账户保持了盈利，实现了行情好能赚钱、行情不好不赔的初始设计目标。

　　具体设计思路如下：根据账上资金精心选择市场价格适中、15 ～ 20元的股票，以防止下跌行情风险为主线，设计股票从现价最终跌至 1 元（这是相当保守的估计，激进一点，可以设计到历史低点），其价格差为：

$$20-1=19（元）$$

每元一个阶梯，可分配买入股票资金为

$$50000/19 \approx 2630（元）$$

从 20 元到 1 元买入相同数量为 1 手的股票所需的平均资金为

（2000+100）/2=1050（元）

而每 1 元价位差可用资金为 2630 元，在这 1 元一个的价格台阶中可以买进的股票数量为：

2630/1050 = 2（手）

将 1 元台阶内的股票可划分为 0.50 元（相当于股价 3% 的波幅）买一手，即可在选好股票的前提下，按照首次在当前价格确定买入 1 手，然后每向下相隔 0.50 元挂买单，每天不变的挂单买入，到第二次又买进了以后，可以按照即刻反向挂单卖出，做 T + 0，不断高抛低吸。不考虑大盘是上涨，还是横盘在下跌，只用关注是否踩上了地雷。如踩上地雷，确认以后立即停止买进，择机止损卖出先期买进的股票。操作方法适合于任何年龄、职业、技术水平，哪怕是初入股市的股民。前提要求是股民在选股环节精挑细选，切实选中的是不带"缝"的"鸡蛋"。一定要把鸡蛋就放在一个篮子里。

经过多年的实盘验证，这种操作方法可以不变应万变，操作上具有上手快，无须搞清这个战法、那个秘籍。效果上可将风险降至最低，从而做到不赔钱，能赚钱。而像沃伦·巴菲特、乔治·索罗斯等投资大师们始终坚持相信最重要的事情永远是保住本金，因为本金是他们投资策略的基石，而失败的投资者们唯一的投资目标就是"赚大钱"，结果，他们常常是连本金都没保住。

在此，我们还要提醒一句：扎实选好股票！别搞那么多篮子！几个篮子不重要，但一定要放鸡蛋！

2018 年 11 月 29 日开户存入资金 5 万元：上证综指 3220.31（见图 4-1）。

查询日期	2017/11/ 1 ▼	至	2017/11/30 ▼	确定	资金帐户	全部帐户	▼	
▲ 日期	摘要		借方(收入)	贷方(支出)	资金余额	货币单位		备注
20171128	转存管转入			0.00	0.000	人民币		0
20171128	转存管转出			0.00	0.000	人民币		0
20171129	银行转存[工行存管]		50000.00		50000.000	人民币		0

图 4-1 开户入金记录截图

2018 年 8 月 20 日账户资产为 51125.6 元，上证综指收于 2653.11（见图 4-2）。

人民币					
资金余额	1536.18	可取金额	1536.18	持仓盈亏	8.
冻结金额	0.00	股票市值	1548.00	当日盈亏	—
可用金额	45212.36	总 资 产	51125.60		

证券代码	证券名称	股票余额	可用余额	冻结数量	盈亏	成本价
300395	菲利华	100	100	0	8.680	15.393

图 4-2 截至 2018 年 8 月 20 日账户资产及持仓截图

全部交易记录截图（见图 4-3 ~ 图 4-11）。

查询日期	2017/11/29 ▼	至	2017/12/31 ▼	确定	汇总			
成交日期	证券代码	证券名称	操作	摘要	成交数量	成交均价	成交金额	余额	股票余额
20171129	799999	登记指定	买入	指定交易	1	1.000	0.000	50000	0
20171130	002792	通宇通讯	买入	证券买入	500	37.200	18600.000	31394	500
20171201	002792	通宇通讯	卖出	证券卖出	-500	37.350	18675.000	50045	0
20171205	002313	日海通讯	买入	证券买入	400	27.200	10880.000	39160	400
20171205	002792	通宇通讯	买入	证券买入	500	36.800	18400.000	20754	500
20171207	002792	通宇通讯	卖出	证券卖出	-500	37.260	18630.000	39360	0
20171207	002792	通宇通讯	买入	证券买入	500	36.650	18325.000	21030	500
20171208	002792	通宇通讯	卖出	证券卖出	-500	37.000	18500.000	39506	0
20171218	300009	安科生物	买入	证券买入	100	24.000	2400.000	37101	100
20171218	300009	安科生物	买入	证券买入	100	23.300	2330.000	34766	200
20171218	300009	安科生物	买入	证券买入	100	23.330	2333.000	32428	300
20171218	300009	安科生物	买入	证券买入	100	23.000	2300.000	30123	400
20171219	300009	安科生物	卖出	证券卖出	-200	23.500	4700.000	34813	200
20171219	300009	安科生物	卖出	证券卖出	-100	23.800	2380.000	37186	100
20171219	300009	安科生物	卖出	证券卖出	-100	24.500	2450.000	39628	0
20171222	002313	日海通讯	卖出	证券卖出	-400	28.500	11400.000	51020	0
20171222	002313	日海通讯	买入	证券买入	100	28.200	2820.000	48195	100
20171222	002313	日海通讯	买入	证券买入	100	27.800	2780.000	45410	200
20171222	002313	日海通讯	买入	证券买入	100	27.500	2750.000	42655	300
20171225	002313	日海通讯	卖出	证券卖出	-100	28.200	2820.000	45467	200
20171226	002313	日海通讯	卖出	证券卖出	-100	29.020	2902.000	48361	100
20171226	002313	日海通讯	卖出	证券卖出	-100	30.000	3000.000	51353	0

图 4-3 开户后的实盘交易记录截图（1）

查询日期	2018/ 1/ 1 ▼	至	2018/ 1/31 ▼		确定	汇总			
成交日期	证券代码	证券名称	操作	摘要	成交数量	成交均价	成交金额	余额	股票余额
20180103	300009	安科生物	买入	证券买入	100	25.800	2580.000	5065	100
20180104	300009	安科生物	卖出	证券卖出	-100	26.800	2680.000	5198	0
20180108	300395	菲利华	买入	证券买入	200	16.250	3250.000	6271	200
20180110	300009	安科生物	买入	证券买入	100	26.300	2630.000	6251	100
20180112	300395	菲利华	买入	证券买入	200	15.700	3140.000	7266	400
20180115	300009	安科生物	买入	证券买入	100	25.000	2500.000	4761	200
20180115	300009	安科生物	卖出	证券卖出	-100	24.690	2469.000	7223	100
20180115	300009	安科生物	买入	证券买入	100	24.640	2464.000	4754	200
20180115	300395	菲利华	买入	证券买入	100	15.620	1562.000	3187	500
20180115	300009	安科生物	买入	证券买入	100	24.000	2400.000	782	300
20180117	300009	安科生物	买入	证券买入	100	23.820	2382.000	13824	400
20180117	300009	安科生物	买入	证券买入	200	23.500	4700.000	9118	600
20180117	300395	菲利华	买入	证券买入	100	15.010	1501.000	7612	600
20180118	300009	安科生物	卖出	证券卖出	-500	24.660	12330.000	12314	100
20180119	300009	安科生物	买入	证券买入	100	24.050	2405.000	7046	200
20180122	300395	菲利华	买入	证券买入	100	14.670	1467.000	5574	700
20180124	300009	安科生物	卖出	证券卖出	-100	24.950	2495.000	-8434	100
20180124	300009	安科生物	卖出	证券卖出	-100	25.250	2525.000	-5917	0
20180124	300395	菲利华	卖出	证券卖出	-100	15.250	1525.000	-4398	600
20180124	300395	菲利华	卖出	证券卖出	-200	15.500	3100.000	-1306	400

图 4-4　开户后的实盘交易记录截图（2）

查询日期	2018/ 2/ 1 ▼	至	2018/ 2/28 ▼		确定	汇总			
成交日期	证券代码	证券名称	操作	摘要	成交数量	成交均价	成交金额	余额	股票余额
20180201	300009	安科生物	买入	证券买入	100	24.680	2468.000	9248	200
20180201	300009	安科生物	买入	证券买入	100	24.010	2401.000	6842	300
20180201	300009	安科生物	买入	证券买入	100	23.500	2350.000	4487	400
20180201	300009	安科生物	买入	证券买入	100	22.390	2239.000	2243	500
20180201	300009	安科生物	买入	证券买入	100	22.370	2237.000	1	600
20180206	300009	安科生物	买入	证券买入	100	21.490	2149.000	6226	700
20180206	300009	安科生物	买入	证券买入	100	21.200	2120.000	4101	800
20180207	300009	安科生物	买入	证券买入	100	20.500	2050.000	5779	900
20180207	300009	安科生物	卖出	证券卖出	-100	21.000	2100.000	7871	800
20180207	300009	安科生物	买入	证券买入	100	20.400	2040.000	5873	900
20180212	300009	安科生物	卖出	证券卖出	-100	21.500	2150.000	1	800
20180222	300009	安科生物	卖出	证券卖出	-100	22.200	2220.000	2213	700
20180226	300009	安科生物	卖出	证券卖出	-100	23.000	2300.000	2293	600
20180226	300009	安科生物	卖出	证券卖出	-100	23.200	2320.000	4605	500
20180226	300009	安科生物	卖出	证券卖出	-100	23.500	2350.000	6948	400

图 4-5　开户后的实盘交易记录截图（3）

查询日期 2018/ 3/ 1 ▾ 至 2018/ 3/31 ▾ 确定 汇总

成交日期	证券代码	证券名称	操作	摘要	成交数量	成交均价	成交金额	余额	股票余额
20180301	300009	安科生物	卖出	证券卖出	-100	24.000	2400.000	2393	300
20180301	300009	安科生物	卖出	证券卖出	-100	24.500	2450.000	4835	200
20180301	300009	安科生物	卖出	证券卖出	-100	25.000	2500.000	7328	100
20180301	300009	安科生物	卖出	证券卖出	-100	25.500	2550.000	9870	0
20180302	300009	安科生物	买入	证券买入	100	25.200	2520.000	1	100
20180302	940018	天天发1	其他	基金...	2185	1.000	0.000	2526	0
20180312	300009	安科生物	卖出	证券卖出	-100	27.200	2720.000	2656	0
20180312	300009	安科生物	买入	证券买入	100	26.500	2650.000	1	100
20180323	300009	安科生物	买入	证券买入	100	24.300	2430.000	7066	200
20180323	300009	安科生物	买入	证券买入	100	24.000	2400.000	4661	300
20180323	300009	安科生物	买入	证券买入	100	23.500	2350.000	2306	400
20180326	300009	安科生物	卖出	证券卖出	-100	24.500	2450.000	4274	300
20180326	300009	安科生物	卖出	证券卖出	-100	25.000	2500.000	6766	200
20180327	300009	安科生物	卖出	证券卖出	-100	26.000	2600.000	9359	100
20180328	300009	安科生物	卖出	证券卖出	-100	27.180	2718.000	15173	0
20180330	300009	安科生物	卖出	证券卖出	-100	27.800	2780.000	18007	0

图 4-6　开户后的实盘交易记录截图（4）

查询日期 2018/ 4/ 1 ▾ 至 2018/ 4/30 ▾ 确定 汇总

成交日期	证券代码	证券名称	操作	摘要	成交数量	成交均价	成交金额	余额	股票余额
20180402	300009	安科生物	买入	证券买入	100	27.500	2750.000	15252	100
20180403	300009	安科生物	买入	证券买入	100	27.500	2750.000	13136	200
20180403	300009	安科生物	买入	证券买入	100	27.200	2720.000	10411	300
20180404	300009	安科生物	卖出	证券卖出	-100	28.350	2835.000	13307	200
20180404	300009	安科生物	买入	证券买入	100	27.300	2730.000	10572	300
20180409	300009	安科生物	买入	证券买入	100	26.700	2670.000	7896	400
20180411	300009	安科生物	卖出	证券卖出	-100	27.540	2754.000	2626	300
20180412	300009	安科生物	卖出	证券卖出	-100	27.800	2780.000	10603	300
20180413	300009	安科生物	买入	证券买入	100	27.300	2730.000	7967	300
20180413	300009	安科生物	买入	证券买入	100	27.010	2701.000	5261	400
20180413	300009	安科生物	买入	证券买入	100	26.500	2650.000	2606	500
20180416	300009	安科生物	卖出	证券卖出	-100	27.000	2700.000	5246	400
20180417	300009	安科生物	卖出	证券卖出	-100	27.500	2750.000	7988	300
20180417	300009	安科生物	买入	证券买入	100	26.800	2680.000	5303	400
20180417	300009	安科生物	买入	证券买入	100	26.350	2635.000	2663	500
20180417	300009	安科生物	买入	证券买入	100	26.000	2600.000	58	600
20180417	300009	安科生物	买入	证券买入	100	25.700	2570.000	-2517	700
20180418	300009	安科生物	买入	证券买入	100	25.500	2550.000	-223	800
20180418	300009	安科生物	卖出	证券卖出	-100	26.200	2620.000	2389	700
20180418	300009	安科生物	卖出	证券卖出	-100	26.500	2650.000	5031	600
20180419	300009	安科生物	卖出	证券卖出	-100	27.000	2700.000	-56	500
20180419	300009	安科生物	卖出	证券卖出	-100	27.200	2720.000	2656	400
20180423	300009	安科生物	买入	证券买入	100	26.500	2650.000	12747	500
20180423	300009	安科生物	买入	证券买入	100	26.200	2620.000	10122	600
20180423	300009	安科生物	买入	证券买入	100	26.000	2600.000	7516	700
20180423	300009	安科生物	买入	证券买入	100	25.500	2550.000	4961	800
20180424	300009	安科生物	卖出	证券卖出	-100	26.000	2600.000	4961	700
20180425	300009	安科生物	卖出	证券卖出	-100	26.700	2670.000	-5413	600
20180425	300009	安科生物	卖出	证券卖出	-100	27.100	2710.000	-2711	500
20180425	300009	安科生物	卖出	证券卖出	-100	27.200	2720.000	1	400
20180427	300009	安科生物	卖出	证券卖出	-100	27.600	2760.000	4727	300
20180427	300009	安科生物	卖出	证券卖出	-100	27.800	2780.000	7499	200
20180427	300009	安科生物	卖出	证券卖出	-100	28.000	2800.000	10292	100

图 4-7　开户后的实盘交易记录截图（5）

成交日期	证券代码	证券名称	操作	摘要	成交数量	成交均价	成交金额	余额	股票余额
	查询日期	2018/ 5/ 1	至	2018/ 5/31		确定	汇总		
20180502	300009	安科生物	买入	证券买入	100	27.350	2735.000	7966	200
20180503	300009	安科生物	买入	证券买入	100	27.000	2700.000	5261	300
20180503	300009	安科生物	买入	证券买入	100	26.500	2650.000	2606	400
20180503	300009	安科生物	买入	证券买入	100	26.000	2600.000	1	500
20180503	300009	安科生物	买入	红股入帐	200	26.930	0	1	700
20180503	300009	安科生物	卖出	股息入帐	0	26.930	75.000	76	0
20180507	300009	安科生物	卖出	证券卖出	-100	20.000	2000.000	1993	600
20180507	300009	安科生物	卖出	证券卖出	-100	20.500	2050.000	4036	500
20180507	300009	安科生物	卖出	证券卖出	-100	21.000	2100.000	6129	400
20180507	300009	安科生物	卖出	证券卖出	-100	21.500	2150.000	8272	300
20180508	300009	安科生物	买入	股息...	0	0.000	12.000	5960	0
20180510	300009	安科生物	买入	证券买入	100	21.000	2100.000	6016	400
20180511	300009	安科生物	买入	证券买入	100	20.500	2050.000	1	500
20180518	300009	安科生物	买入	证券买入	100	20.000	2000.000	9611	600
20180518	300009	安科生物	买入	证券买入	200	19.500	3900.000	5706	800
20180524	300009	安科生物	卖出	证券卖出	-100	20.200	2020.000	26077	700
20180525	300009	安科生物	买入	股息...	0	0.000	3.000	5750	0
20180528	300009	安科生物	买入	证券买入	100	19.650	1965.000	3780	800
20180529	300009	安科生物	买入	证券买入	100	19.200	1920.000	-1924	900
20180529	300009	安科生物	买入	证券买入	100	19.000	1900.000	-3829	1000
20180529	300009	安科生物	买入	证券买入	100	18.800	1880.000	-5714	1100
20180530	300750	宁德时代	买入	申购配号	2	0.000	0.000	0	0

图 4-8　开户后的实盘交易记录截图（6）

成交日期	证券代码	证券名称	操作	摘要	成交数量	成交均价	成交金额	余额	股票余额
	查询日期	2018/ 6/ 1	至	2018/ 6/30		确定	汇总		
20180601	300009	安科生物	买入	证券买入	100	18.000	1800.000	3461	1200
20180605	300009	安科生物	卖出	证券卖出	-100	18.500	1850.000	1843	1100
20180605	300009	安科生物	卖出	证券卖出	-100	18.800	1880.000	3716	1000
20180611	300009	安科生物	买入	证券买入	100	18.200	1820.000	-40	1100
20180611	300009	安科生物	买入	证券买入	100	18.180	1818.000	-1863	1200
20180611	300009	安科生物	买入	证券买入	100	18.000	1800.000	-3668	1300
20180611	300009	安科生物	买入	证券买入	100	17.900	1790.000	-5463	1400
20180613	300747	锐科激光	买入	申购配号	3	0.000	0.000	0	0
20180608	940018	天天发1	其他	基金...	33393	1.000	0.000	-33393	0
20180608	940018	天天发1	其他	基金...	35178	1.000	0.000	1785	0
20180619	300009	安科生物	买入	证券买入	100	16.900	1690.000	4956	1500
20180619	300009	安科生物	买入	证券买入	100	16.900	1690.000	3261	1600
20180619	300009	安科生物	买入	证券买入	100	16.500	1650.000	1606	1700
20180619	300009	安科生物	买入	证券买入	100	16.000	1600.000	1	1800
20180620	300009	安科生物	卖出	证券卖出	-100	16.800	1680.000	-1692	1700
20180620	300009	安科生物	卖出	证券卖出	-100	17.000	1700.000	1	1600
20180626	300009	安科生物	卖出	证券卖出	-200	18.100	3620.000	3611	1400
20180629	300009	安科生物	卖出	证券卖出	-100	18.000	1800.000	1518	1300
20180629	300009	安科生物	卖出	证券卖出	-100	18.500	1850.000	3361	1200
20180629	002932	明德生物	买入	申购配号	4	0.000	0.000	0	0

图 4-9　开户后的实盘交易记录截图（7）

查询日期	2018/ 7/ 1 ▼	至	2018/ 7/31 ▼		确定		汇总			
成交日期	证券代码	证券名称	操作	摘要	成交数量	成交均价	成交金额	余额	股票余额
20180703	300009	安科生物	买入	证券买入	100	17.920	1792.000	1	1300
20180706	300009	安科生物	买入	证券买入	200	16.850	3370.000	3074	1500
20180706	300009	安科生物	卖出	证券卖出	-100	17.180	1718.000	4785	1400
20180709	300009	安科生物	卖出	证券卖出	-100	17.500	1750.000	-1792	1300
20180709	300009	安科生物	买入	证券买入	-100	18.000	1800.000	1	1400
20180713	300009	安科生物	卖出	证券卖出	-100	19.150	1915.000	-1942	1100
20180713	300009	安科生物	卖出	证券卖出	-100	19.500	1950.000	1	1000
20180718	300009	安科生物	买入	证券买入	100	18.950	1895.000	3645	1100
20180723	300009	安科生物	买入	证券买入	100	17.960	1796.000	1756	1200
20180723	300009	安科生物	买入	证券买入	100	17.500	1750.000	1	1300
20180724	300009	安科生物	卖出	证券卖出	-100	18.050	1805.000	4966	1200
20180726	300009	安科生物	买入	证券买入	100	17.500	1750.000	1	1300
20180730	300009	安科生物	买入	证券买入	100	17.000	1700.000	0	1400

图 4-10　开户后的实盘交易记录截图（8）

查询日期	2018/ 8/ 1 ▼	至	2018/ 8/31 ▼		确定		汇总			
成交日期	证券代码	证券名称	操作	摘要	成交数量	成交均价	成交金额	余额	股票余额
20180806	300009	安科生物	买入	证券买入	100	15.500	1550.000	2961	1500
20180807	300009	安科生物	卖出	证券卖出	-1000	15.750	15750.000	1531	500
20180809	300009	安科生物	卖出	证券卖出	-500	15.980	7990.000	3139	0
20180817	300395	菲利华	买入	证券买入	100	16.000	1600.000	1	100
20180822	300395	菲利华	买入	证券买入	100	15.450	1545.000	1	200
20180827	300395	菲利华	卖出	证券卖出	-100	16.100	1610.000	-37	100
20180827	300395	菲利华	卖出	证券卖出	-100	16.500	1650.000	1606	0
20180830	300395	菲利华	买入	证券买入	100	16.030	1603.000	1556	100
20180830	300395	菲利华	买入	证券买入	100	15.500	1550.000	1	200

图 4-11　开户后的实盘交易记录截图（9）

第五章　简单的技术术语

当我们进入股市开了户、注入了资金，我们就进入了投资行列。它和我们过去把节省的钱放在银行有很大的不同。尽管传统意义的存钱或储蓄也是一种投资方式，但这种投资方式最原始、最简单，相对风险也最小。储蓄主－存款人不需关注太多，只需要关注一个数字就行：利率。在当今时代，利率是相对稳定的，变动时间周期往往以年为时间单位计。而且只要钱存入的银行不倒闭，就不存在本金损失，不存在亏与赚的问题。而股票投资不同，它的价格在市场上的变化时间周期是以分、秒为时间单位，直接影响到本金损失的多少。

即便我们进行所谓的长线投资，不每天盯盘，不每天频繁操作，我们也要知道并能够看懂买卖股票的一些相关专业概念和基本图形。就像我们即使是存钱，也要搞清楚什么是利息和利率、什么是复利等一样。正所谓"术业有专攻"。通过学习、了解和掌握基础的专业术语，也是我们学习股票买卖操作的必备、防范股市风险所必需。通过对股票价格走势的分析，帮助我们科学地做出在正确的时间和较好的价位进行买卖的正确决策，提高我们的投资成功率，走好我们的投资路。最为理想的是上好"学前班"：在入市前进行学习，可以帮助我们准确地判断、评估、防范入市时和入市后的风险。以避免盲目进入，用真金白银作为代价去交学费，买"后悔"。

第一节　大盘概念及指数

我们平时讲到股市、股票，都要讲到大盘点位。那么首先我们要知道：什么是大盘？

大盘是指确定的股票市场，这里的大盘指的是上海证券交易所，因为涨跌同步，人们知道了沪市，也就知道了深市（深圳证券交易所）。

我们首先了解一下指数概念及由来。

大盘的点位即大盘指数，又分为综合指数和成分指数。因为深圳交易所发布的是成分指数，而综合指数比成分指数较准确地反映所有股票的总体走势，故平时多以上证综合指数来谈大盘点位。

上证指数是以上市公司的总股本为权数，由上海证券交易所编制，于1991年7月15日公开发布，上证指数以"点"为计价单位，基准日定为1990年12月19日，基准日指数定为100点。

用相同的原理编制出了分类指数：A股指数、B股指数，细分工业类

指数、商业类指数、地产业类指数、公用事业类指数、综合业类指数等和
地区板块股价指数系列，以反映不同行业或地区股票的各自走势，和股票
行情变化相同步实时发布，成为我国股民和证券从业人员研判股票价格变
化趋势必不可少的参考依据。

$$当日指数 = \frac{当日股票市价总值}{基期股票市价总值} \times 100$$

收盘指数具体计算是以基准期和当日的股票收盘价（如当日无成交，
沿用上一日收盘价）分别乘以发行股数，相加后求得基期和计算日市价总
值，再相除后即得股价指数。遇上股票增资扩股或新增（减除）时，则按
照一定的计算公式进行相应的修正。

为便于新股民理解，可以把大盘指数理解为整个大盘所有股票的综合
价格。一只股票的价格不能代表全部股票的总体价格抑或整个股票市场的
总体价格，而全部股票一只只罗列又不太方便和实际，大盘指数就是利用
单一股票价格形式来表征全部股票的总体价格。

学习和了解了大盘指数，对于入市、判断自己入市时的"方位"和"海
拔高度"、评估市场的风险程度、制定投资策略有着重要的意义。例如，
在大盘的相对历史高点处入市，进行长线投资，在股市打持久战，其投资
的结果将难免是亏损。

第二节　大盘指数分时图

以上证综合指数分时走势图为例，大盘分时走势图用坐标曲线（上半部分）和立柱（下半部分）等图形实时记录和发布证券市场股票综合总体价格、成交额。右半部从上到下有指数名称、开盘指数、昨日收盘，最高点位、最低点位，买、卖委托，指数涨、跌幅，成交价格、数量等相关信息。

进入大盘分时页面的方式有以下两种。

（1）菜单命令进入：运行股票交易平台软件后，在命令栏单击"报价"/"指数"，在下拉菜单中单击"沪深主要指数"，在列表中双击"上证指数"。

（2）F3 键进入：在股票顺序排列目录页面按 F3 键可进入，如图 5-1 所示。

说明：不同的平台软件，作用大同小异。有的有快捷方式，有的直接单击菜单按钮即可进入。

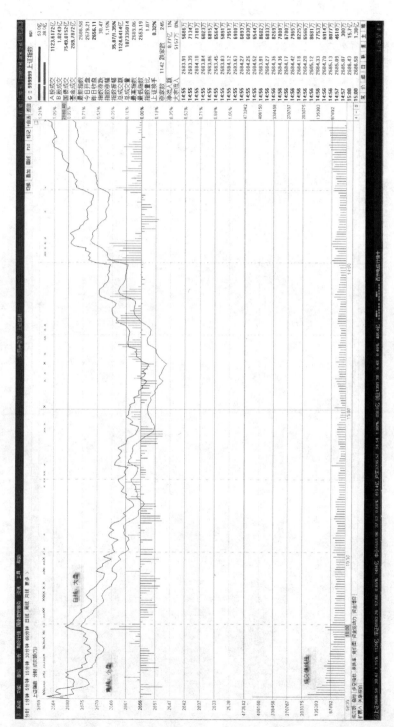

图 5-1　大盘指数分时图截图

有的平台软件还扩展增加了一些内容。例如，同花顺增加了对大盘指数上涨或下跌的贡献度股票排名，以及短期（3分钟）热点股票名称等，如图5-2所示。

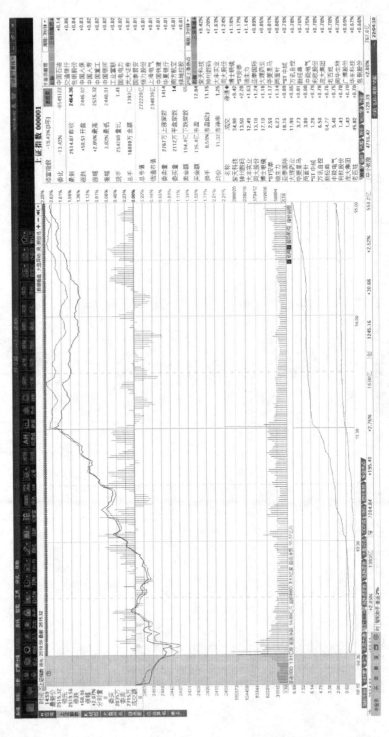

图5-2 增加了大盘指数分时走势以外的截图

第三节　识读大盘分时图

图 5-2 中有 2 根线：是大盘指数的实时走势曲线，可简单理解为黄线代表上海证券市场的小盘股的整体股价的走势曲线，白线表示大盘股整体股价的走势曲线。

当大盘指数上涨的时候，坐标基准轴线（昨日收盘价）上方显示红色线柱。当黄线运行在白线之上时，则小盘股涨幅大于大盘股票整体价格走势；黄线在白线之下时，则相反。

当大盘指数下跌的时候，坐标基准轴线（昨日收盘价）下方显示绿色线柱。当黄线运行在白线之上时，表示流通盘较小的股票跌幅小于大盘股；反之，黄线在白线之下，说明小盘股票跌幅大于大盘股票。

横轴是股市交易时间（上午从 9: 30 开盘到 11: 30 收盘。下午从 13: 00 开盘到 15: 00 收盘）。

纵轴是指数点位。

下半部是成交量柱线图：记录每分钟大盘的成交量。成交量越大，线

柱就越长；成交量小，则线柱就短。

横轴是时间轴（同分时走势图）。

纵轴是成交额（单位：万元）。

有的软件在大盘分析页面有一排菜单按钮，可直接进行成交额和量价图的切换。切换以后量价图的纵轴是成交量（单位：手。1 手 =100 股）。

领先指数：有的分析软件还编制了领先指数，剔除股本大小的权重因素，把所有股票对上证指数的影响改成相同，画出一条不含加权的指数曲线，称为"上证领先指数"。

第四节　个股的相关名词概念

个股，是进入股市的投资人具体的投资标的。通俗地讲，就是人们进入股市进行买卖交易的具体对象。

个股：对应大盘、单只股票的抽象说法。如同个人是对具体的单个人的抽象说法。

蓝筹股：经营管理良好，经济效益稳定、连年回报股东有稳定且较高的现金股利支付的公司，盈利和分红都很稳定的大盘股、中盘股股票称为"蓝筹股"。

绩优股：业绩优良、成长性高于行业平均水平的公司的股票。在我国，投资者衡量绩优股的主要指标是每股税后利润和净资产收益率。一般而言，市场把每股税后平均利润在本行业上市公司中处于中上地位，公司上市后净资产收益率连续三年显著超过 10% 的股票看作绩优股。

垃圾股：与绩优股相对应，企业效益较差的公司的股票。这类上市公司要么行业前景不好，要么企业经营不善，有的陷于亏损境地，股价持续

走低，年度分红也差。垃圾股一般是无投资价值、评级为非投资级的股票（BB以下），垃圾股不仅仅是指上市以后经济效益差、经营出现问题的公司发新的股票，也包括一些财务杠杆大、企业债务重的公司的股票，它们都有可能被评级为 BB 级以下。

潜力股：是指目前业绩水平一般，但未来存在一定成长预期的上市公司的股票。

成长股：处于高速发展阶段的上市公司的股票。当前虽效益平平，不能立即高额回报投资人，但未来前景看好。销售额和盈利额增长幅度大大快于其所在行业平均增长率。一般来讲，这些公司大多产生于新兴行业，具有较大发展空间或潜力的行业。这类公司具有"四新"特点：使用新材料、运用新技术、开发新产品、拓展新市场，从而使公司获得高速发展，公司的股票也随公司的成长日益增值。成长性股票最受长期投资者的青睐。

IPO（Initial Public Offerings 的缩写）：是指一家企业或股份公司首次向社会公众公开招股的发行方式。

次新股：是个相对概念，市场认同的次新股在上市时间上存在很大差异。次新股是相对于新股而言。IPO 上市的第一天为上市新股，对于次新股，有人认为上市之后到上市 1 个月时间内为次新股，还有人认为上市之后到 3 个月时间内为次新股，甚至还有人认为上市之后到半年时间内为次新股。

总股本：股价公司的资产总额。上市公司的总股本包括新股发行前的股份和新发行的股份，又分为限售股和流通股。

流通盘：上市公司发行的股票中，分流通股和非流通股。在二级市场进行交易的股票数量称为上市公司的流通盘。

市盈率：市价盈利比率的简称。股价除以年度每股收益（EPS）得出。最常用来评估股价水平是否合理的指标之一。分为动态市盈率和静态市盈率。

市盈率指标也是新股民进入股市进行风险大小评估的参考指标，结合后面讲到的大盘 K 线形态，参照历史高点低点，可对自己入市时所处的方位、"海拔高度"、风险大小做出科学和理性的判断。

第五节　交易名词概念

开盘： 证券市场到规定开市并进行的交易时间，即为开盘（时间）。到开盘时间有的股票交投活跃，有的股票交投则是 0 成交开盘。

开盘价： 开盘前 5 分钟，通过集合竞价方式电脑撮合成交的第一单，即成为当天股票交易的开盘价。

收盘价： 新的收盘价确定方法规定：临近收市前 3 分钟，通过集合竞价方式电脑撮合而成的最后一笔成交，即是当天的收盘价。

最高价： 某个交易时间周期里产生的最高的交易价格。

最低价： 某个交易时间周期里产生的最低的交易价格。

集合竞价： 对一段时间内的买卖委托申报一次性集中撮合成交的竞价方式。我国竞价交易制度竞价时成交价格的确定原则是：①在有效价格范围内选取成交量最大的价位；②高于成交价格的买进申报与低于成交价格的卖出申报全部成交；③与成交价格相同的买方或卖方至少一方全部成交。两个以上价位符合上述条件的，上海证券交易所规定使未成交量最小的申报价格为成交价格。若仍有两个以上申报价格符合条件，取其中间价为成交价格。深圳证券交易所取距前收盘价最近的价位为成交价。集合竞价的所有交易以同一价格成交。集合竞价未成交的部分，自动进入连续竞价。

成交量：买卖双方成交股票的数量，分时走势中以手为单位记录成交数量，1 手等于 100 股。

看多：对后市看涨。

看空：对后市看跌。

持仓：已经买入的股票及数量。

重仓：相对于资金来说，如果所用资金占投入资金比例较大，称为重仓。

轻仓：相对于资金来说，如果所用资金占投入资金比例较小，称为轻仓。

庄家：是指在一只股票中，通过持有此股流通盘中一定比例的股票，可以影响和控制股票价格的走势，从而成为相对散户在市场具有相对优势的股东。

第六章 三大类技术图形（态）

股票价格的技术图形有 K 线、股价移动平均线以及技术指标图形三大类，它们是投资人运用基本分析和技术分析两大基础分析进行股价走势运行规律分析的基本图形。其中以 K 线和股价移动平均线最为重要。因此，初入股市认知和应用这些图形，无异与公安刑侦人员进行破案时运用脚印、指纹等图形一样，具有同等重要的作用。

第一节 K 线 图

K 线图又称为蜡烛图，分为阳线、阴线两种。

如图 6-1 所示，黑白图片中白体表示阳线，黑体表示阴线，彩色图片中红色 K 线为阳线，绿色 K 线为阴线。

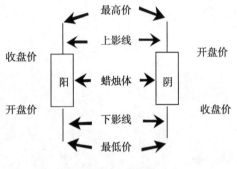

图 6-1 K 线图

上蜡烛线称为上影线，顶端表示最高价；下蜡烛线称为下影线，底端表示最低价。

阳线的蜡烛实体下边为开盘价，阴线蜡烛实体的上边为开盘价。收盘价也正好相反。

K 线可以表示有不同时间周期。如果是日 K 线，是根据股价 (指数) 在一天的走势中形成的四个价位即：开盘价、收盘价、最高价、最低价绘制而成。如果是月 K 线，则是根据股价（指数）在一个月的走势中形成的四个价位绘制而成。还有短到 1 分钟，长到数百天，甚至年 K 线。可以根据需要灵活设置和切换。

单个 K 线图之间根据 K 线的阴阳、实体的大小，上下影线的长短，出现在股价运行的不同阶段，表示着不同的意义（见图 6-2 所示）。今天人们更加重视研究 K 线组合形态的意义和作用，并且演绎出各种股票买卖的实战战法。

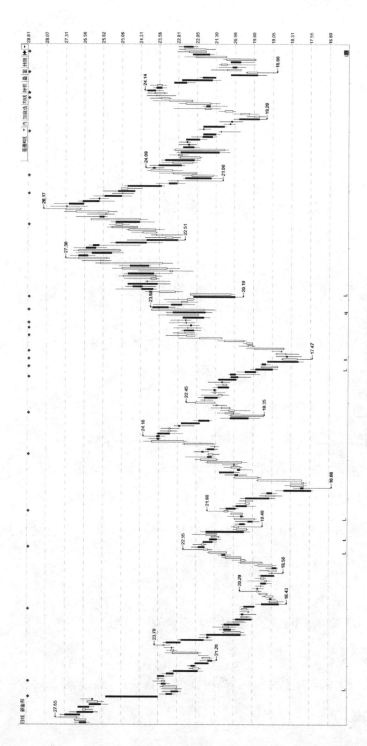

图 6-2　股价 K 线组合截图

第二节 均线系统

与 K 线相依为伴，结合最为紧密，除少数用裸 K 线进行分析外，大多数技术派人士是紧密结合均线一起作为技术分析的重要工具（见图 6-3）。

均线位于 K 线的上方或下方，是移动平均线的简称。即将过去一定周期股价收盘之和的平均值作为点，累积绘成移动的股价 – 指数曲线。在图中分别以白、黄、绿、红等颜色的曲线表示和区别不同时间周期。而且每根线的时间周期还可以自行更改设定，以方便分析研究。通常交易分析软件默认的时间周期为 5 日、10 日、20 日、30 日、60 日。可自行更改设置为 5 日、10 日、30 日、60 日、120 日等。

计算公式：

$$D \text{ 天移动平均线} = \Sigma D \text{ 天收盘价} / D \text{（天数）}$$

均线可以指示比较直观、明确的买卖时机。

当短期均线依次从下方上穿长期均线时，称为多头排列。上穿之时称为金叉，指示买进。

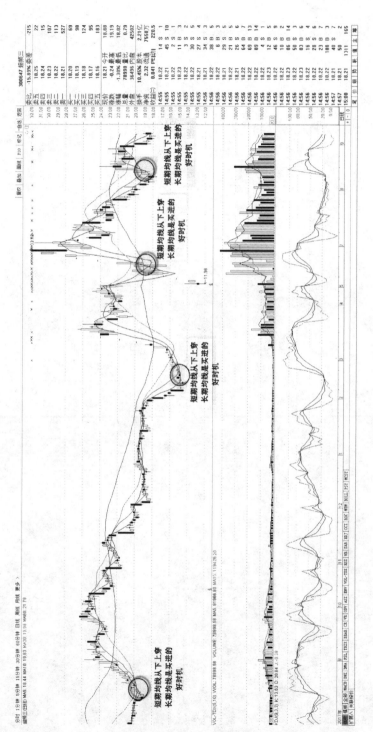

图 6-3 均线截图

　　当短期均线依次从上方下穿长期均线时，称为空头排列。下穿之时称为死叉，指示卖出。

　　股价与移动平均线距离也能给出操作指示：均线附近是比较好的买点，远离移动平均线时是比较好的卖点。

第三节　技术指标

最早从日本德川幕府时代将 K 线图用于米市交易价格分析开始，数百年来，研究不断深入，应用范围不断扩大，形成了现在具有完整的理论和丰富的图形形态的技术分析工具和方法。人类进入 20 世纪以后，随着计算机的应用普及和软件业的迅猛发展，以 K 线理论为发端，将经营的商品或投资标的在市场上的价格波动以及影响其波动的诸因素的数据转化为图形，从而使得研究价格趋势的技术分析更加直观和便利，也使得技术分析的方法和手段越来越丰富。这些方法和手段也不断被用于股票价格走势的分析。人们从股票交易环节派生的各种数据进行图形转化以后，进行各种时间周期价格走势的分析研究，发现其中的规律，帮助人们作出股票买卖的正确决策。这些决策有效地帮助投资者在股票市场赚到了钱，因此深受技术派人士的青睐和推崇。这里根据"短板"原则，仅面对初入股市的从未接触过技术分析的股民，介绍最基本、最简单、最常用的三种。通过学

习相对较少的技术指标，可以感觉到简单易学，从而打破技术分析的神秘，从学习技术指标过程中认识任何技术指标都是根据交易环节中交易价格的变动，并根据一定的计算公式或方法，图说投资标的价格运行规律，给人们以预测其未来走势的依据，从而可以收到触类旁通之效。对于更大量的指标，留待后面在技术分析指标大观园和战法集中营章节从实战运用的角度再作详述。

1. MACD

MACD 指数异同平滑移动平均线（见图 6-4）。由两根曲线和 0 轴上红下绿、长短不一的线柱组成。图中白线是差离值（DIF）线，表示收盘价短期、长期指数平滑移动平均线间的差。黄线是讯号（DEA）线，表示 DIF 线的 M 日指数平滑移动平均，图中红蓝彩色线柱是 DIFF 线与 DEA 线的差。

MACD 指标的时间参数一般设置为：短期 12、长期 26、M9。

DIF 由下向上突破 DEA，称作金叉，是买入信号。

DIF 由上向下突破 DEA，称作死叉，是卖出信号。这种信号在趋势性的行情里，尤为准确。

2. 布林带

布林带（Boll）是一种非常简单实用的研究股价变化趋势的技术分析指标，原理也比较简单。它依据股价运动总是围绕一定的价值中枢在一定范围内运动的规律，引申出了"股价通道"的概念（见图 6-5）。

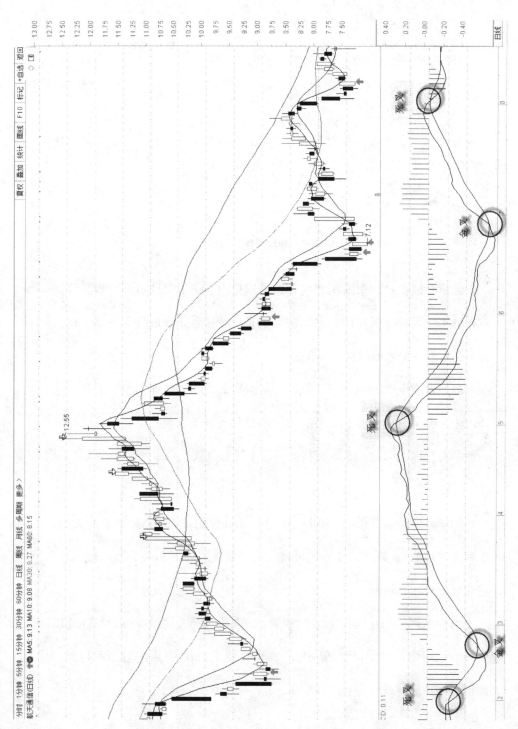

图6-4 MACD 金叉、死叉截图

布林带由三根曲线组成：上轨、中轨和下轨。

图 6-5　布林带指标截图

股价一般在这三根线构成的价格通道里上上下下来回震荡。当股价突破布林带上轨时，强势的上涨行情可能难以持续，未来股价会见顶下跌。因此，这是一个看跌转势卖出信号。

当股价现下跌至布林带下轨，一般会得到支撑，转而向上，因此，这是一个上升买进的信号。有时股价下跌过猛，跌至下轨将下轨击穿，此时一般会有反弹。因此，非重大利空引发个股的急跌，是短线买进的信号。

3. KDJ

KDJ 又称作随机指标，由 K、D、J 三条曲线组成。颜色分别是 K 为白、D 为黄、J 为紫。K、D、J 参数可自定义，系统默认为 9，3，3。三个值均在 0 到 100 区间运行。

指标原理：KDJ 指标生动揭示股价的物极必反，当 D 线运行在 20 以下时表示超卖，预示将要转跌为涨，当 D 线运行在 80 以上时表示超买，预示将会转涨为跌。

指标中 K 线代表短期股价走势，D 线代表长期股价涨跌走势。当 K、J 线向上穿过 D 线时，称为 KDJ 指标金叉。

K、J 线由上向下穿过 D 线时，称为 KDJ 指标死叉。

KDJ 指标的 W 底、M 头：KJ 指标两次由低到高上穿 D 形成金叉，构成 W（双底）形态。KJ 指标两次由低到高上穿 D 构成 M（双头）形态。

如 W 底和 M 头与 K 线组合形成背离走势，即股价 K 线形态创出新低 / 高，KDJ 指标不创新高 / 低，头或底的判断准确度越高。

如图 6-6 所示，圆环处均为 KDJ 指标金叉时，和股价形成背离，均为好的买入点。

K 线图中的两条直线标记的股价与 KDJ 指标中的两条线倾斜方向正好相反，从左到右一个向下，一个向上，称为背离。

当出现 KDJ 指标与 K 线背离时，是反转原来趋势的强烈信号。应当高度警觉，积极捕捉，也包括前面讲述的 MACD 指标。

实战中更应注意的是与 KDJ 双底金叉买入相对的指标，M 头死叉则是卖出的强烈信号，如图 6-7 所示。

图 6-7 中可见第一个和第二个 M 头死叉对应的股价均创出新高，但 KDJ 指标 M 头的右边低于左边，形成背离。

学习技术指标需要说明和强调以下三点。

①技术指标不计其数，这里只作简介。学习要注意精泛并举。一般了解多多益善，实战应用坚持少而精。

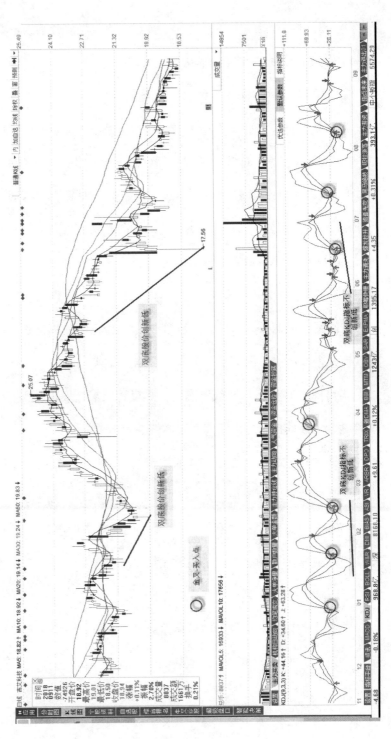

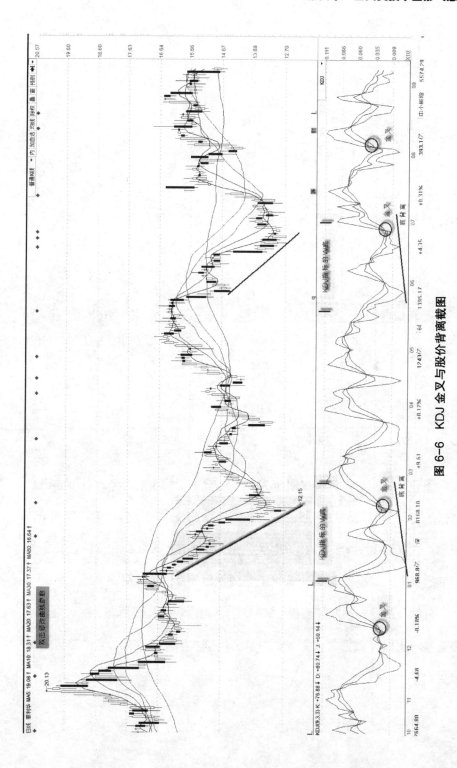

图 6-6 KDJ 金叉与股价背离截图

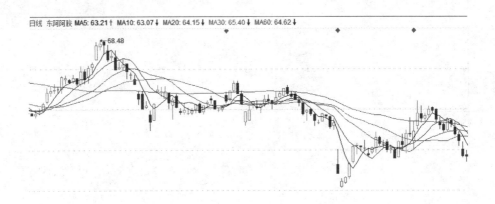

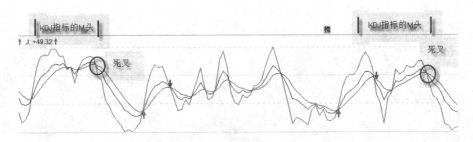

图 6-7　KDJ 指标 M 头死叉截图

②技术指标参考意义仅限定为公司经营正常的股票走势，对于非正常经营的公司，即我们口头所说的"地雷"，其技术指标的可信度仅为0。例如：长春长生（002680），因为疫苗造假退市前 MACD 在低位金叉，如果贸然买进，到退市至少 30% 以上无法挽回的亏损（见图6-8）。

再如前面谈到的亚邦股份（603188），无论它的 K 线形态、技术指标，还是基本面以往数据多么完美，一旦公司基本面发生变化，它的趋势就是掉头向下。

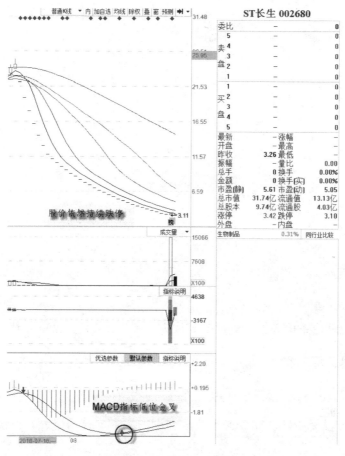

图 6-8　无效的金叉截图

③ 诸多案例给我们彰显了基本分析和价值投资的重要性。新股民切不可自以为是地认为技术分析可以代替基本分析，或让技术分析"凌驾"于基本分析之上。过度迷信技术分析，则无论开始盈利多少，最终都会是巨亏结局。以基本分析为基础，结合技术分析的应用，方可在股海趋利避险，安然无恙，行稳致远。

第四节　波浪理论简介

　　波浪理论是以 K 线图的股价起伏为基础，在 20 世纪 30 年代由美国证券分析家拉尔夫·纳尔逊·艾略特研究创立并集大成。

　　近百年来，波浪理论作为技术分析的一种工具，被国内外许多投资人应用于投资实践。如今关于波浪理论的文章、技术研究、波浪的分析和读数，文章浩如烟海。

　　波浪形态本应划归 K 线图形的范畴，但因它虽基于 K 线图形，但最后完全抽象并脱离了出来，形成了相对独立的分析理论和技术，因此用专门小节简单介绍。

　　有些新股民对波浪理论开始接触会产生一种神秘感，这种神秘感成为学习波浪理论的天然障碍，学习波浪理论首先要打破这种神秘感：正确理解波是自然界许多事物的特性：声波、光波、海浪，物体震动、人的情绪等。股价的涨跌也具有波浪的特性，相信只要潜心学习，定能体会得到波浪理论其中的妙趣。

化繁为简不失为一种捷径。开始我们只要能了解波浪理论最基本的就是把股价的涨跌归结为一个上升5浪（推动浪），然后再走一个ABC（调整）浪总共8浪结构，这对任何人就都不算太难。波浪理论是一个周期比较完整、形态相对复杂，具有较强的规律性的趋势和过程。

完整波浪周期的简单示意图，如图6-9所示。

在了解了基本概念之后，可以先从学习数浪开始，从基本的波浪数起，在此基础上使自己能够较准确地把握在一个完整周期里的主升浪的起始和结束，另外学习上升5浪完结后的调整浪的读数和预测，这对指导实战具有很强的现实操作意义，也相对简单。然后把这其中的每一浪再进行细分，了解次一级的波浪结构，或对分时图、K线图，切换日、周、月、季、年，5、10、30、60分等时间周期，不断学数复杂化的波浪形态，可了解并认识其中的规律。顺利地进行较复杂的波浪理论知识的学习，从而为自己不断走向中高级奠定扎实的理论和技术基础。

图6-9　波浪理论的基本形态

第七章　认识投资环境

中国股民进入股市投资，最终的盈亏结果，很大程度取决于股民自身素质，与股民的投资理念紧密相关。而认识投资环境，对于股民把握较好入市时机，它从根本上树立正确的投资理念，做好风控，选择良好的投资标的，以争取最终的良好投资收益，是必不可少的。同时在很大程度上取决于投资生态环境，而投资生态环境建设毫无疑问，是管理部门的根本职责。

第一节　概况与简单回顾

中国股市在改革的人潮中诞生，应当说中国股市在近 30 年间在规模上创造了世界奇迹。深沪大盘或个股历史走势的 K 线图，浓缩中国股市走过的蹒跚之路。但是回看那些如今在被套股民眼里比珠穆朗玛峰还高的历史高点，可能永远难再攀上的股价"山峰"和一路下来的绿色 K 线，不禁让人心情沉重。每支股票的每一个高点上都有多少中小散户深套其中，此时被套股民的心情可以用一句话来形容：问君能有几多愁，恰似一生积蓄套在了"山"上头。

7：2：1 和 8：1：1 这组双胞胎数据不是很复杂，每组数据 3 个数字之间都是纯比例关系，3 数之和都等于 10，数据本身承载的信息也十分有限。但是，它却向人们诉说着无数股民的悲哀、失望和痛苦。同时，这些 K 线构造的波峰、波谷中，也闪现出作为中国证券市场的最高管理机构为之忙碌的身影。

实事求是、客观公正地说，作为最高管理机构的中国证监会，从成立以来，无论卸任和继任，历任和现任（除去少数腐败分子）都是前赴后继，履行职责，充分发挥部门的职能管理作用，为中国证券市场的规范发展，保护中小投资者（股民）做了大量艰苦的努力和积极的探索。他们在每一个价格"波峰"，忙着给如同火山喷发一般的股市"降温"、在每一个"波谷"之时忙于"救市"……可以说，没有他们就没有中国证券市场的今天。

从一次次股市"过热"或"低迷"时采取的一项项包括舆论引导、查处违法违规市场行为、清除"害群之马"、加快新股发行速度、清理违规入市资金、提高或降低印花税、提高或降低交易佣金、实行 T+1 回转交易，限制涨跌幅等，给市场"降温"或"打气"的"组合拳"里，从一次次为救市恢复市场各方信心而召开的座谈会上，从新股的发行审核、申购、上市制度的频繁变革里，甚至在为持有亏损多年的僵尸上市公司股票的股民减小或免遭损失而给予这些公司以极度的退市宽容，鼓励市场对其并购重组……使其成为最具"中国特色"的所谓"壳"资源，为此高层管理层还饱受诟病，今天成为人们对中国股市奇观和笑谈。上面的点点滴滴，我们不难体会到证券监督管理部门在尽力保护中小投资者的原始初衷、良苦用心和艰难抉择。

然而，中国的股市至今始终存在着种种奇怪和令人费解的现象。

第一，中国股市长期以来一直都处在一个过热—低迷—过热循环的怪圈里。

第二，管理层又总是陷入降温—救市—降温的特别忙碌中；从而使中国股市披上了浓厚的行政干预色彩而饱受诟病，以至于患上了"政策依赖

症"，被人们称为"政策市"。

第三，管理低效。中国股民对市场监管及效果不太认同，导致满意度低乃至于对管理层出台的各项政策措施的初衷产生怀疑甚至否定。

第四，圈内圈外都觉得股市不成熟、不规范。有人给中国股市冠以"赌场""极不规范的股市""投机诈骗的场所"等臭名，有人曾提出推倒重来，有人盲目崇拜和羡慕外国股市长"牛"，还有人发声股民退出股市等。

第五，管理层和股民都觉得"难"。管理层觉得管理难，中国证监会一位卸任的主席谈到在任时的体会时用了"就像是坐在火山口一样"来形容，同时股民觉得赚钱难。

第六，中国经济在全球一直以年均6%以上的幅度保持相对较高的速度增长，但是中国股指却反其道而行之，10年"熊"途漫漫，股指相对2008年的高点5148点接近腰斩。

第七，一边大盘连续下跌、持续低迷；一面新股上市接连涨停，一个月、甚至更短时间内股价达到翻一番，两番、甚至几番。

第八，任何股票价格上涨不需要业绩支撑，主力资金只要能为其找一些莫须有的所谓题材、概念向市场推荐、就能让散户股民跟风，就可以把哪怕亏损多年濒临退市的股票价格炒到让人们两眼发直、大跌眼镜！

八大奇观，难以概全，限于篇幅，不再罗列。

面对这诸多的问题，对其多是众说纷纭，统一的权威意见乃至讨论交流沟通全无，半官方、非官方各种言论不一而足，孰是孰非，莫衷一是。整个理论界、思想界、投资界和学术界批评、吐槽者多，冷静思考和探索者少，以至于今天在诸多思想上、认识上以及管理方法和措施的主张上都存在着混乱。

首先，对股民在股市中的地位和作用上，以及对形成股市投机泡沫作用上就出现诸多错误的指责。由此派生出了许多谬误。在如何面对7：2：1这组数据和股民的问题上，出现了不应该产生的认识偏差和思想混乱。

因此，我们不得不在此对每次股市涨跌从低迷到疯狂再到低迷的循环历史进行速写式的简单回顾。

最开始股票并不吃香，发行最艰难时靠上门宣传，动员购买。待到交易所上市股票大涨以后，人们开始热情甚至于疯狂的追逐，争抢认购，出现了股价急剧飙升，后为解决股票严重供不应求、抑制过度投机，管理机构研究决定扩大新股供给，股指应声暴跌。此后一路低迷，从1411点跌至386点，跌幅近83%，然后出台政策，进行救市，股指又一路狂奔达到1558点，接着降温，最终使股指又回归到325点……

历史上每一次股市疯狂上涨、风险急剧增大，都让管理机构十分忙碌，作为最高管理层的中国证监会相继采用包括舆论引导、行政手段、加快新股发行速度等多种措施并用的"组合拳"来让如同击鼓传花一路狂奔的股价止步停下，以避免涨得过快过高，积聚更大的风险，套牢更多的中小散户。

历史上每一次过热，都出现在较长时间低迷，并经过一个艰难救市系列政策措施实施过程中。在此过程中，以机构为主的市场主力总是占得先机，在信息方面和中小散户形成不对称。通过参加为鼓励市场信心积极参与，管理层召开座谈会等形式，揣摩得知管理层意图之后，春江水暖鸭先知的主力机构，早早开始布局，此时市场还未回暖，处于低迷，股价还在低位，中小散户还全然不知。在管理层各项准备工作就绪，救市政策正式

公之于众时，主力机构正好建仓完毕，准备随时高位卖出。随着股市逐渐回暖，行情慢慢启动，在股市有人赚钱的示范效应驱动下，新股民陆续进入股市。进入的信息，作为机构券商也是最先得知（中国早期股市里的机构由于严格实行分业经营，以及严格限制除公民储蓄以外的资金进入，投资主体远不像今天如此多元，市场主力除了券商、公募基金等机构外，别无其他），因为股民开户交易就是在其设立的营业网点，对多少人开户，多少资金进入，买了多少股票，账上剩余资金多少，都能了如指掌，作好派发的充分准备。就在中小散户陆续进入股市，股指一再上行"牛气冲天"之时，管理层为控制市场风险，通过舆论工具向市场进行风险警示，此时先知先觉的还是主力机构。中小散户初入股市无知，不知政策利多利空、不知买入是在承接最后一棒、"不知山有虎，径往虎山行"，从外盘连续的买入不断推升股指、内盘早已严阵以待的主力机构钓鱼一般提高股价，以"快速上涨"吸引散户高位接盘。中小散户不知股价是高是低，抱着买了以后还会再涨的信念和愿望，买入时毫不迟疑……是散户追涨？是机构操纵？似乎都不是。此时别说主力机构操盘，就是皇帝操盘，也是能卖更高价则卖之。（市场处于非理性状态，鱼龙混杂有意操纵也必然难免）而此时有着充分准备的主力机构在散户毫无觉察中在高位顺利出货。也就是与此同时，降温措施紧锣密鼓出台，市场主力和机构倾倒一般的出货将股价打低，将仍然期待并认为明天还会继续上涨而买进的中小散户在高位牢牢套住……

历史上波波潮起潮落，无论具体的高低点位有何不同，时间背景有何差异，但是救市—降温的逻辑相同，采取的手段、措施，甚至口号也大体相同，走势特征和内存本质也相同。

随着中小散户的陆续进入，汇聚起来的资金洪流如同洪水猛兽一样的进入和内外盘"里应外合"把股指急剧推高的同时，管理层的调控手段、"降温"意志也随之更加坚决。形成了股民和管理层在股市的直接角力。主力机构则是顺势而为，上对管理层的降温，旋风般地急流勇退，没有了身影；下对想买股票股民，慷慨大度倾仓卖出，管理层降温他们隔岸观火，乐见其成。而手持高价买入股票，以为还会涨、希望继续涨的股民，此时看到的只是管理层一道道连续出台的降温政令，一支又一支新股不喘气地上市发行，和与此紧密相伴的股市的大跌，进而认为本来是可以涨的，自己原本是可以赚钱的，是管理层不准涨，把股价打了下来……

虽然近几年来，管理部门不断加快新股发行上市，使中国股市的总市值很快登上了全球第二的宝座，推动整个股市大盘指数大幅上涨和剧烈波动的资金需求越来越大，整体爆炒的可能性越来越小，但在个别板块上，少数个股上表现如同早期整个大盘出现过的先疯狂上涨，接着又快速下跌的"过山车"式行情依然如故。局部特别是新股板块越演越烈，始终疯狂。市场主力资金拿住了管理层急于恢复股市融资功能的"脉"，放弃新股以外的股票，集中精力，集中资金炒作上市新股，他们揣摩这个板块是监管的"软肋"，炒作起来不好"打压"，如果"打压"会出现新股发行困难，因而豪"赌"爆炒上市新股，对此，似乎也得到了一定的默认或宽容……

由于历史上每次都是上涨的时候管理层出于调控之目的，频频出手，等到一波平静下来，清点盈亏，发现每次调控降温主力机构都能弹冠相庆，胜利出局，赚得盆满钵满，最终高位套牢的始终只有中小散户，让一些股

民认为是机构高位出完了货，又想要廉价筹码，希望能从低位买入，管理层此时配合主力机构打压股价、剪股民的"羊毛"……

由于潮起潮落，人们对一次次股灾似的大跌都想知道其中的原委，此时市场理智科学的分析研究缺失，人们的思维真空被不负责任地分析结论先入为主，经媒体的传播，把股市的泡沫化上涨和非理性下跌的原因推卸责任般地全部推给了散户股民，而中小散户位低言轻，就这样无辜而又无声、默默地背上了制造股市泡沫的"黑锅"。

上面速写式的勾勒回顾，虽不能详尽展现中国股市近30年来的全貌和细节，却足以让我们大致了解波波上涨和下跌的过程，过山车式的股市特点。对其进行冷静分析不难从中找到问题的症结。这是一种在股市管理上的"幼稚病"，它使得股市涨跌均有了深厚的行政背景，因而使其行情带上了比较深厚的"政策主导"色彩，成为人们诟病"政策市"的主要原因。

改革开放是中国共产党领导的前所未有的伟大事业。在没有历史经验可借鉴、欠缺管理科学和管理人才的情况下，管理一个全新的领域——中国股市，仅仅依靠摸着石头过河，在探索过程中产生一点"幼稚病"在所难免，不足为奇，也不足为惧。

而非科学的分析结论经媒体传播，虽非主观故意，却在客观上造成人们先入为主效应，潜意识地误导人们对其内在问题本质的探寻和对其中的是非曲直的考量。

先入为主的分析结论使得人们不再去思考为什么中国股市被称作"政策市""资金推动型"，掩盖了中国股市急需创新管理的重大现实需要……

先入为主的分析结论还使得中国广大股民被边缘化，面对他们用如同抱怨一般，有时甚至偏激和极其错误的语言表达（而这些无助和无力的"牢骚"往往是为了自身的地位和利益不被忽视的诉求和祈盼发出的呐喊）这一极端重要的现象却被人们有意或无意地回避，其意见不再有人愿意听取；因为深度套牢也是他们制造股市泡沫的咎由自取和因果报应……

　　这种先入为主的结论也可以成为主张"去散"即股民退出中国股市主张的依据……

第二节　问题及简单分析

股市如今已近而立之年，难免存在一些问题。但是，作为投资者、管理者都应当理性地正视存在着的"幼稚病"。这不仅应当成为中国股民的入市应知，树立正确的理念。同时对管理者今后加强科学管理，为中国股民创造一个理性健康的资本市场环境则更为重要。

今天，我们在本章第一节的简单回顾以后提出以下三个设想。

设想 1：股市的投机只有在涨起来直到疯狂时，采取行政手段调控就没有其他的办法和实施时间窗了吗？显然对这种假设的答案是否定的，而且会具有较高的一致性。

设想 2：如果管理层当时不是在股市疯狂时频频出手，在方法上是采取休市几天，或者间隔性交替式休市和交易，或者限制包括股民在内的所有市场投资主体日交易数量并辅之以切勿追高的风险警示教育等方法，其结果是否也会大相径庭？对此，今天的人们也不会有太大分歧。

设想3：如果管理层采取措施，注重日常培育股民的理性投资理念，如同今天扶贫干部进村向村民们传授脱贫方法、技艺一样，向新股民推荐能够防范股市风险的理念和交易方法，让他们自觉做到防风险、不追高，效果会如何？对这个问题可能得到的答案就不会有很高的一致性，有的甚至还有疑问：哪有这样的方法？

上面三种设想中，除了第3种里面提出的向入市新股民推荐能够防范股市风险的交易方法以外，其他的无论是昨天还是今天看来都不难，这在当时也都是能够完全做到的。而当时可以做到却没有做的原因值得今天冷静反思，仔细琢磨不难发现其中存在的三个偏差所致。

一是着眼点的偏差：这是一个今天看来可以上升到原则高度的问题，这也是造成其他一切问题的"是非源"。正是在这点上出现了偏差导致了后面的次生偏差。进行管理、出台措施到底是着眼于包括广大股民在内人民群众的利益，还是着眼于市场指数的涨涨跌跌？虽然这两个问题紧密关联，但是着眼点不同，直接影响到管理者采用管理手段和方法措施不同，和实施这些方法和措施的时间点、着力点以及最终的效果不同。管理上的"幼稚病"是导致这一偏差的直接原因。

的确，管理层在给过热的股市降温的着眼点和出发点，都是基于股指上涨过快，脱离实体经济发展的速度，难以受到实体经济支撑，最终会跌落下来的担心，为避免如同历史上欧美曾经多次爆发过的股灾，进而引发全面的金融或经济危机，导致社会不稳定甚至动荡，为避免积聚更大的风险，阻止更多的散户进入、被套在更高的位置而为之，从这点意义上讲的确是在保护中小投资者。

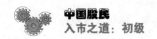

为了研究的需要，这里需要将"魔咒数据"赔：平：赚的比例式

7∶2∶1稍做延展。

假设：进入股市的总人数为10，那么据此比例式有：

$$10=7+2+1$$

如果总人数为 Y，比例系数为 X，则有：

$$Y=7X+2X+X$$

管理上的"幼稚病"的主要表现或重要特征，就在于对管理的着眼点、

着力点，以及管理的目标、实施的时机和最终的效果等方面存在盲目性、

缺乏前瞻性。

临时抱佛脚似的出台行政降温措施，的确可以让股民在短时间因政策

"降温"股指下跌，而改变预期，停止入市脚步，达到控制股民总人数

Y 值的相对快速增长的效果，但是丝毫不改变已经入市身在场内的股民

7∶2∶1的比例结构和命运。而占比高达70%的已经进场的股民的利益就

这样被严重忽略。这正是着眼点的偏差之所在。

二是监管的时间点上的偏差。"幼稚病"使得这种监管大多是事发时、

行政化、高强度的监管模式。成熟的管理应当是通过建立有效的制度来控

制这种过热投机而非人为，以实现监管目标，而这种"幼稚病"监管带来

的直接后果，就是管理难度瞬间急剧加大，管理成本井喷式大幅度上升。

如同与在高速公路飞速行驶的车辆去迎头相撞让其掉头，必然导致股民利

益的严重受损和主管部门付出民意满意度大幅降低的巨大政治成本。因为

这俨然是将管理者自己置身于广大股民的对立面上。紧锣密鼓的降温措施

出台，使其带有了浓厚的斗气赌狠、以"暴"制"暴"的意味，被市场解

读为管理层对股民的态度是"你想涨，我偏不要你涨""你想赚，我就不要你赚"！

……

三是着力点的偏差。如果能把广大股民作为着眼点，同时也作为管理的着力点，努力从让每一个股民初入股市第一天第一次买入股票的交易操作就意识到风险是什么、在哪里等方面开始着力，帮助他们树立理性投资理念，让他们能够认识到如果上市公司的主营和效益短期内没有大幅提升，那么它的股票价格数日超过20%的快速上涨，其中就被人为炒作而注入了过多投机泡沫，价格就会严重偏离股票价值，使得风险快速积聚，从小到大，最终会像吹气球一样迟早都会爆炸成碎片跌落，以释放风险，使价格回归价值的规律。与此同时向股民推荐能够防范风险的理性操作方法，那么就不会在大批股民集中进入股市时形成巨大的资金洪流，汇聚成对股价的大幅推升力量。或在过热时间段限制股民日购股票数量作为着力点，虽然这在实施上带来难度（通过交易平台软件可以实现），但却能让股民在降温之后套牢的资金大幅减少、实时推升股指上升的动力也会大幅减弱，日后的直接损失的绝对数值就会减小，也可以为先期进入股市、高位套牢的7X股民预留低位补仓买入、摊低持仓成本、早日实现解套的资金。股市的非理性成分也会大大减小，管理层调控降温的难度也会缩小，政治成本也会大幅降低；也最大化地、最有效地体现了以广大股民为出发点和保护中小投资者利益、执政为民的宗旨。日后股民对管理层采取降温措施在理解上的情绪障碍也可以有效地化解。

固然，加强监管是职能管理部门的当然职责。但是，管理首先是科学，

科学既需要克服盲目性，也需要前瞻性。需要对效果进行科学预见、需要对方案进行比较和科学论证，趋利避害。管理不是单纯的目的或手段甚至管理者意志。监管的最终目的是促进市场建设、保障股市健康发展，这种监管是在切实保护投资者特别是中小散户的利益，而不只是在这个口号下，屡屡让新老股民投入股市的财富大幅缩水，如同黑洞一般蒸发，监管不能背离我们党的执政为民的宗旨，不能偏离人民的现实利益和长远期望与要求。

此外，管理也不仅仅是一个出发点、着眼点正确与否的问题，它还要求管理者采用的管理方法、措施具有较高的正确度和有效性。方法措施的正确与否、是否有效，也直接影响到初衷的实现，否则南辕北辙，事与愿违。

按照上面的设想：如果当时无论是采取休市数日或休市—交易相间并辅之以风险教育、警醒入市股民的办法，或是限制单日购买股票数量的方法，都可能比管理者直接出面以各种行政手段将股指打下来的实际效果要好得多。也许有人说这在操作上有难度，全世界都不曾有过。别国有没有，不应成为标准，也不足以成为我们不能有的理由。全世界没有社会主义制度，中国有；全世界没有新股配售制度，中国照样有。中国共产党自成立以来，有过许许多多前无古人，后无来者的创造，管理好中国股市，抑制暴涨暴跌，使其走势伴随中国经济的发展脚步如同"慢牛"震荡向上，并不是不可为的神话，只要包括广大股民在内的市场投资主体树立较强的风险意识，理性参与，并辅之以有效的包括监管、交易制度等良好的交易机制，不可能实现的"慢牛"神话就可能变成现实。这需要首先管理上解决出发点——着眼点的问题。以人民的利益为出发点，做到切实维护好广大股民的利益，得到广大股民的理解和支持，就没有推进不了的改革、克服不了的困难。正是在这点上的偏差，才导致后面方法措施层面的次生偏差，以及管理上的难处。

理性的市场，不仅需要理性的投资主体，更需要理性而且科学、高效的管理。历史上正是带着这种管理的"幼稚病"、一次又一次的简单、原始、不合时宜、缺乏科学性的管理手段和过程，导致入市股民的巨大利益的实际损失从而引发了股民的情绪对立，出现广大股民对管理部门满意度极低的结果，它影响到的不仅是包括许多股民在内的人民群众对股市的信心，也在某种程度上直接动摇了人民群众对管理部门所坚持的执政为民理念的信任和怀疑。数十年来，我们党在推进改革、发展经济、改善民生方面已经付出的巨大的艰辛和努力，取得了伟大的成效，同时也给人民群众带来了巨大的实惠，但最终却在股市被无意间挥霍消费，大大降低了人民群众的获得感，使中国股市成了一个巨大的"黑洞"，即吞蚀人民群众财富的"黑洞"和广大股民满意度的民意"黑洞"，形成了人民对主管部门的信任度的谷底、满意度的洼地，在这个与充满阳光、广袤的中华大地民意满意度版图紧紧相连，却与之形成巨大反差的"极地""角落"，在这个"极寒"地带，充满了失去感、失望感，甚至抱怨声。看到如此局面，我们不禁为之忧心忡忡。

更令人不安的是，如今人们对这些现象有一种奇怪的麻木和讳疾忌医般不谈不说的态度，不论作为当事当局者自身，还是局内局外人士都不愿去面对，不愿去谈及。给人一种熟视无睹、漠然置之、我行我素、各行其是的感觉。最让人感觉窒息的是，问题存在大家公认，但少有人去探讨。虽偶尔有一些文章见诸媒体，也缺乏应有的持续和深度的探寻。

第三节　初衷与中国股民

习近平总书记曾在学习贯彻党的十九大精神研讨班开班仪式上指出，时代是出卷人，我们是答卷人，人民是阅卷人。其中，"人民是阅卷人"正是习近平总书记倡导的执政为民理念的最终目标和体现，它是一个部门、一切工作的出发点和落脚点，同时它也是检验部门工作合不合格的尺度标准。合格的起码标准，首先就是要人民看到效果、最终得到利益、能够满意。

显然，人民群众对 7∶2∶1 这个数据是不愿看到或不太满意的，客观地说管理者也不愿意看到。当然，任何一个股市不可能让所有的人都赚钱。但是，大多数股民心中称量的是管理者的管理方式和效果，标准是股民的地位和利益能否得到尊重和实际保护，其正当合法利益是否能在非自身过错的情况下避免屡屡受损。

伴随着中国股市的不断发展，近 30 年来中国股民的数量不断地发展壮大，全国开户的股民人数，从中国证券登记结算中心官网查询截至 2018 年 8 月 31 日的官方权威的数据，如图 7-1 所示。

一周投资者情况统计表（2018.08.27-2018.08.31）　　　　　◀ 上一周 | 下一周 ▶

	投资者数（万）
一、新增投资者数量	24.06
1、自然人	24.06
2、非自然人	0.00
二、期末投资者数量	14,278.31
1、自然人	14,243.16
其中：	
已开立A股账户投资者	14,177.43
已开立B股账户投资者	238.92
2、非自然人	35.14
其中：	
已开立A股账户投资者	32.90
已开立B股账户投资者	2.28

注：①期末投资者数量指持有未注销、未休眠的A股、B股、信用账户、衍生品合约账户的一码通账户数量。②新增投资者数量=本期期末投资者数量-上期期末投资者数量。③本周5个交易日。

图 7-1　中国证券登记结算中心官网 2018 年 8 月 31 日的投资者统计截图

数据表明现今中国开户股民达到 1.42 亿之多，我们相信随着时间推移股民人数还会增大。但仅就今天的统计数据而言，其中除自然人之外还有相当数量购买股票型基金间接进入 A 股市场和通过以私募基金形式进入股市未计入自然人数统计的大量 A 股"编外"股民。仅以自然人开户的权威数据进行股民人数推算：即使大刀阔斧剔除以下不亏损股民的人数：①有的股民办理了开户手续，未曾投入资金实际进入 A 股股市；②有的股民低位割肉或高位赚钱卖空了股票退出了股市；③其他各种原因形成的统计数据中的空账户，从 1.424316 亿开户人数中剔除 1 亿人数，按实际 7X 仅有总开户数的零头 4200 多万股民计算（实际计算数据仅为不足 3X），按照中国传统，财产是家庭共有，一家按照有 3 口人计算，中国也至少有 1.3 亿人的利益与股市息息相关。已经达到甚至超过中国总人口的 10%，股市大跌中蒸发的都是他们共同的血汗和财富。

不可否认，管理部门为保护股民的利益已经做出了并且还在继续做着大量的工作，付出了艰辛和努力。但是，如果管理的着眼点、着力点发生了上述三个偏差，它的效果就会与人民群众的愿望和利益相距甚远，实际效果甚至会与初衷背道而驰。具体作为和实际效果就会产生巨大反差，结果就会使"阅卷人"不认同，这一点应当引起管理者对管理过程中"幼稚病"的高度重视。今天不能说主管部门一直以来无所作为，但也只能说是管理低效，有时甚至是事与愿违的。管理者在着眼于市场方面，做出了许多具有"中国特色"的如 T＋1 回转交易制度、日限涨跌幅制度、新股发行配售等一系列制度设计和体制安排……做了大量的工作，但最终这些措施和制度又无法体现出监管和防控风险的有效性。反倒加剧市场股指的剧烈波动，形成了市场的高度投机气氛和巨大市场风险。2015 年在原有涨跌停板的基础上又进一步推出"熔断"机制，初衷是给市场再加上一道"紧箍咒"，进一步压缩股票价格的波动空间，抑制投机，结果被市场利用成为做空套利的投机机会，效果与初衷正好 180°，背道而驰。股民却因此蒙受灾难般的损失。从而使得"保护中小投资者"成为一句空洞无物的口号，没有"阅卷人"能看得到的实际效果。

在上述谈及的三个偏差中，应当重点关注的是着眼点的偏差，因为它直接导致了管理低效，也使得长期以来监管机构缺乏跟上时代步伐的管理创新。随着股指连续十年的缓慢下跌接近腰斩和 7X（被套股民）的数量不断增大，股市虽然"野火烧不尽，春风吹又生"，股民一茬又一茬，前赴后继，但最终结果是 7X 总量越来越大。它将成为横在人民群众和管理层之间的巨大鸿沟。并会继续严重影响到党和人民的心灵相通。造成每一项政策、措施出台，都会被误读误解。

面对股市下跌：

"股市从来都是管涨不管跌，管理层从来不希望它涨，只希望跌，一涨就要'降温'……"

面对发行新股:

"管理层要发新股,所以允许新股上市暴涨……"

"就是帮那些民营企业家到股市来圈钱,让他们一夜成亿万富翁,我们股民倒霉、没人可怜……"

面对管理层的"保护中小投资者":

"保护了谁? 保护了机构、保护民营资本家!"

恢复正常的融资功能,开启 IPO 股民则认为:

"又要降温了!"

……

面对上述诸种言论,虽然大多偏激、误解和不实之词,甚至极端谬误居多,我们仅能以积极反思,从管理上改进加以应对,除此之外缺乏有说服力的事实回应股民:非新股上涨两个涨停上市公司就需进行风险提示,三个五个涨停要停牌调查,对此解释是要抑制投机;相反,上市新股涨停不断,八个十个司空见惯,老百姓看到的和听到前后矛盾! 久而久之,形成了"对立"视角。

当然,股民们的意见也不全是"牢骚""气话",其中也不乏合理的意见和反映。例如:加快新股发行,你说是支持实体经济,扩大直接融资,股民看到的是,新股一发,大盘就下。在大盘指数连续 10 年的下跌,幅度接近腰斩、股市持续低迷,承接力较差的情况下,管理 IPO 的确有考虑投融资动态平衡的问题。对"度"的把握,的确考验着管理者的智慧和水平,在这个问题上屡犯"幼稚病"。对此已有不少有识之士提出了让股市休养生息的建议。贯彻中央关于引导资本脱虚向实的方针不仅仅体现在 IPO,还有股民看到的诸如民营企业家"圈钱"成功后,不少公司转手委托投资理财又回流到股市，钱并没有投到实体经济的管理问题。这种的确存在的现象，其实际效果只是基尼系数的进一步增大。而人民群众的财富却通过股市不断地蒸发和缩水，购买能力相对萎缩，消费端的需求和动力也随之下降，对实体经济的生产端的刺激作用也会随之减弱。贯彻落实中央经济脱虚向实、实现经济结构转变也会产生折扣效应。

面对这一切，作为管理者不能不对如何科学而有效地对股市进行管理，进行反省和深思。

作为证券市场的管理部门，代表人民履行管理职责，始终不能忘记党的初衷。不能不时时牢记发展经济的目的是什么？建设包括股市、债市等资本市场，以及让更多的公司上市的目的是什么？这一切的初衷和发展方向、前进道路及最终目标今天以至于永远都绝不是为了能够发行一些新股，让一些需要资金的企业在股市得到融资，就等于服务了实体经济并为国民经济发展做出了贡献那么简单。更不是以造就出一批中国式的巴菲特，或N个亿万富翁，甚至是为了让更多的"百万"入市，"白劳"出来为初衷。建设股市的初衷和目标永远只能是建设一个直接融资助力企业发展，吸引人民群众直接参与投资的资本平台，在服务国民经济的同时，增加包括广大股民在内的人民群众分享我国经济发展成果和投资收益，夯实满足人民群众对美好生活向往和追求必不可少的财富基础。它应当是一个投资主体多元理性、投融资行为规范；上市和退市制度完备、管理科学、高效；投融资功能动态平衡健全的具有中国特色的资本市场。这应当是管理层运用战略思维做出的顶层设计、规划的中国资本市场的蓝图和中国股市的发展之路。只有这样，我们的一切管理、所作所为其出发点和实际效果才不会有违我们党的初衷。

第四节　不足及粗浅看法

本届职能管理部门在强化监管、推进改革、新股发行等各方面工作做出了巨大的努力，也取得了较为显著的成绩，在此不再赘述。这里仅就一些存在的不足和需要改进的问题谈谈个人的看法，提出自己的建议。

一是大盘指数虽然没再度上演整体非理性暴涨和强力降温后暴跌的现象，但是市场远未建立起成熟的投资理念。而成熟的投资理念是成熟市场的基础和灵魂。这几年大盘过山车式的暴涨暴跌虽整体消失，在很大程度上得益于中国股市如今市值巨大，难以形成推动整个股票指数整体大幅上涨的资金洪流，从根本上归功于以习近平为核心的党中央防范系统性风险、缩表、去杠杆等宏观金融政策的贯彻落实。客观上投机炒作之风仍然盛行。一些个股和个别板块依然如故、局部疯狂，严重"返潮"。

二是管理上创新略显不足。对新股上市暴炒仍然沿用早期的"幼稚"原始管理方式：快节奏、高频率的 IPO 来给新股暴炒"降温"。虽然由于大盘指数不再像以前一样大起大落，因而大大降低了人们的关注度，故此弊端不太引人注目。但管理方式失之于老套，落之于"窠臼"，带有明显"胎记"、缺乏创新的管理方式也早为股民所熟悉。对此问题需要解决一个如何正确认识爆炒新股和对待爆炒现象的问题。面对新股上市接连涨停，到底是市场热捧，还是投机资本爆炒所为？作为管理部门应有科学的判断。把投机资金所为理解为市场追捧新股造成了新股供不应求所致，从而采取加快新股发行的所谓"用市场化手段解决'新股热捧'"的方法，会失之于典型的"头痛医脚"，且会贻害无穷。

如今中国股市总市值巨大，难以被"爆炒"形成整体"疯狂"，但投机资本凭借资金实力完全可以跟随"政策指引"，制造"局部热点"，卖出其他股票，集中资金、精力，爆炒部分个股、板块，造成局部"疯狂"。管理上若只单一考虑发行新股，不仅有疏于管理之虞，也会失之于竭泽而渔。在市场承接力相对较弱的背景下，快节奏发新股导致股市下跌不仅使得 7X 股民的加深套牢，资产进一步缩水，也会对市场造成直接破坏。为了新股能发，无视和容忍爆炒上市新股之风以营造"赚钱效应"，吸引股民参与，以保证新股能顺利发行。上市之后连续高可达十几甚至几十个涨停的疯狂炒作一路"高歌猛进"，毫无停牌间隙和风险之警示。与此形成鲜明对照的是非 IPO 新股三五个涨停就遭停牌、被查。以至形成了一边是成交量连创新低、大盘指数接连向下、一边是新股连连发行，上市之后连连涨停的冰火两重天的反差现象，构成了中国股市的"特别风景"，被市场解读为是默认甚至是鼓励"爆炒新股"，给市场间接传导出三大错误甚至恶劣的信息和影响：一是成为中国股市是政策主导的"政策市"的认识的力证，被解读为：上面（管理层）要你炒什么，你炒疯了也不投机。形成典型的"投机推动型"（人们曾对无业绩支撑的股价上涨定义为"资金推动型"，实际应是投机爆炒型，因为与之相对立的理性投资的结果是：基本面好的公司股票价格因其业绩效益提高而上涨，也是资金买出来即推动的上涨，因此对非理性的上涨更为确切的定义应是"投机推动型"）如其不然，就被视为投机甚至违规遭调查。二是进一步弱化市场主体的投资理念：目前股市内外，投机气氛与日愈浓，书籍、网络、社交群、报刊媒体满是找主力、跟庄家、追涨停、寻秘籍，甚至买信息，以实现翻倍等，不讲投资、不讲价值，甚至不讲不顾风险、不管上市公司的基本面，对应股票市场股价"再高不嫌贵，看涨奋起追"的急功近利"敢死队"股民，都给中国股市早日趋于成熟、走向理性提出了较之以往更大的挑战。我们曾经的一些股友因为过去崇尚价值投资，几年下来非但不赚钱，反而还亏钱，如今也纷纷改弦更张成了"追新"一族。在投机风气如此之盛的市场环境中，理性投资的好风气也会被"污染"甚至被"浊化"。三是这也会成为某些公司造假，甚至欺诈上市的诱因。在这样的市场氛围里，无论什么样的股票，不管公司基本面如何糟糕，只要想出一两个"题材"，冠以空洞但美妙动听的"概念"，进行所谓"题材挖掘"或"概念设计"，对公司的未来或业绩进行"包装"。或者主力资金做出与前期疯涨牛股相似的 K 线形态，通过媒体向市场进行"黑马推荐"以焕发股民的想象力和追涨勇气，配合以主力资金的及时盘中拉抬以吸引股民跟风，就可以使无论

是新股、旧股、绩优股或垃圾股得到爆炒，股价暴涨就不怕没人不买，就可以卖出天价！这也使得一些公司铤而走险进行业绩造假。这些因素叠加上股民的前期严重亏损，人们又看不到理性的成熟市场的建设前景，多重因素综合作用形成合力，都会严重挫伤投资者的信心，使其参与意愿屡屡受挫。2018 年三季度一个时期连日的成交量，已经引发市场和各方对管理问题的关注。不顾市场规律、不讲投融资的动态平衡，容忍和放任投机爆炒新股，即便全部解决了新股 IPO 的"堰塞湖"，一个更大的"堰塞湖"——股民民意满意度的"堰塞湖"又会随之形成。对此，似乎是"阅卷人"期待大于满意，此时答卷人更不宜自说自话，甚至以审核发行了多少新股上市作为政绩自诩。

严格说来，新股发行审核如同"帮人代看行李"，它并不是管理部门的主要职能或重点工作，面对一个投机炒作风气甚浓，十分脆弱、仍不成熟的股市，职能管理部门的最重要的职责应当是抓好确立以投资理念为基础的投资生态环境建设，同时引导、规范、培育和监管各投资主体树立理性的投资理念和市场行为。应当说这是即将进入而立之年的中国股市发展的当务之急和突破问题围困之道。随着管理部门的主要监管职能和职责的真正全面落实，一个理性健康市场的初露端倪，审核制也将寿终正寝，完全可以实现平稳过渡。换句话说，股市变得成熟理性，市场各方不再认为新股发行是管理者调控降温的手段，不再认为是管理层打压股市、造成股民直接损失的原因，参与度自然提高，承接力自动增强，核准制的新股发行方式也就水到渠成。可以说，这种过渡的速度与时间表正好与管理部门能否不断深化改革，创新管理方式、实现科学化管理，真正履职尽责搞好资本市场的生态建设的脚步和时间相关。它不是一种不切实际的空想，而是可以在不远的将来可以完全实现的愿景。相反，这种审核制延续的时间越长，越说明管理的缺失。

上面提到了一个"投机资本"的概念。这里还需稍加着墨，以期引起重视。它不是一个新出现的市场主体，而是早期就有的客观存在。

何谓"投机资本"？投机资本可以定义为：在市场中，最大化地表现出资本逐利的天然属性，在法律规范和市场规则界内，利用市场中的一切漏洞和机会，以制造商品或标的的价格波动，在市场中攫取巨额利润的规模资金。随着资本规模的扩大，投机资本在市场上发挥的作用也越来越大，有时足以"翻江倒海"，对市场其他主体甚至是管理者进行绑架，应当引起管理者的高度重视。

投机资本具有两重性：一方面，它是市场投资主体的一部分，发挥着正面且积极的作用。另一方面，它也是市场的巨大风险源。投机资本的最大特点是：具有相当大的规模、同时具有构成的不确定性和极强的隐蔽性，能够瞬间形成"狼群"效应，具有极高的逐利敏感度和机会嗅觉能力。平时蛰伏于市场中，善于并随时捕捉着包括经济运行中的潜在矛盾、政策瑕疵、决策不周、管理漏洞……社会新闻甚至市场传言等在内的各个方面的可利用信息，一旦遇有可乘之机，闪电般集合成资本洪流，兴风作浪，推波助澜，发动行情，从中获取暴利。在逐利过程中，常常加剧市场的价格的剧烈波动，制造和放大市场风险，使管理者的管理措施在实施时发生巨

大偏转，远离初衷。回顾中国股市历史上的每一次过热和降温，以及调控，包括 2015 年清理场外配资、推行融断机制引发市场暴跌，都可以看到投机资本或作为始作俑者，或推波助澜，或兴风作浪。投机资本在国际市场上表现得更为令人震惊。虽渐行渐远、发生在 20 世纪的"英镑"危机、亚洲金融风暴、香港汇率保卫战等是那样惊心动魄，仍是今天不能忘却的记忆和警钟。随着我国金融和资本市场的进一步开放，除国内投机资本外将会面临更大的国外投机资本，而守住我国金融安全、防范系统性金融风险的首要任务，就要管理好、引导好、发挥好这部分资金的积极作用，管控和防范其负面作用，兴利制弊。这也是我国进行深入改革、扩大开放新形势下对管理部门提出的新课题，对此应及早认识、积极应对，提前预防。在制定和出台管理措施，全面周到考虑时机、效果，力求避免和防范投机资本的充分利用为其逐利的可乘之机，故而加大市场风险，这也是管理走向成熟的客观要求和重要标志。

另外，需要加快推进资本市场基本建设方面的全局战略思维和顶层设计。几年来，加强投资市场生态环境建设方面，步子难迈，成效甚微。人们一直希望看到的管理部门有关建设成熟理性的股市的规划目标和发展蓝图，至今依然没有出台，人们对此翘首以盼。

广大股民充分理解证券资本市场管理有着它的特殊性，股市从诞生到成长、学习管理需要付出时间成本甚至要交纳学费。证监会作为中央人民政府下设的一个职能部门，具体工作的确千头万绪，十分繁杂；在监管工作上的确与广大人民群众的利益紧密相关，管理者的一举一动，甚至一言一行，都会在股市激起波澜，造成市场的剧烈波动，因而在管理上存在着空前的，比起其他部门更大的难度。但是，作为主管部门绝不以难度为口实，忽视人民群众"阅卷人"地位，绝不因难度而改变我们党执政为民的宗旨和初衷，不让难度成为无视人民群众不满意和热切祈盼的理由。这是应有的姿态。唯有进一步坚持执政为民的理念，切实把广大股民的利益作为自己工作的着眼点，首先做到"眼中有股民"，人民才相信你"心中有人民"，才肯定你"执政是为民"，就没有不能克服的困难，就没有不能挑战的不可能和不可能创造的人间奇迹。虽然迄今为止，世界上任何一个国家的股市也都不可能保证每个人通过股市赚钱。但是人民群众希望看到的是：存在的问题被认识和解决，主管部门的管理"幼稚病"能得以有效克服，而不是屡屡因此使自己的利益受损，科学管理、良好的投资环境生态在建设过程中，中国股市在朝着理性健康的方向发展。股票涨有"支撑"，跌有"道理"，走势非暴涨暴跌，而是震荡上行，理性慢牛，而这一愿景的实现是基于管理部门能否坚持把以正确的投资理念作为包括中国股市在内的资本市场建设的思想基础、培养理性投资主体、引导和严格规范各方市场行为、不断改革创新，建立有效的制度加以保证。

以党的十九大为标志，中国进入了习近平有中国特色的社会主义新时代，中国股市已年近而立。人们对其充满着期待。希望看到管理部门的奋发作为，科学总结正反两方面的经验和认真分析存在的问题及原因，切实解决上述"三个偏差"，以最大可能地调动广大人民群众的投资热情，推动中国证券市场健康发展，充分发挥资本市场在实现中国梦过程中不可替

代的作用，做出具有战略眼光的顶层设计，建设管理科学高效，投资主体理性合规参与、投、融资功能健全、上市和退市制度完备的中国股市。这是时代的要求，人民的呼唤，党赋予的历史重任。它要求作为监管职能部门能够及时跟上时代步伐，锐意改革进取、引进管理人才、提升管理水平、创新管理方式，精心履职尽责，以问题为导向，抓住股民关心的问题和股民利益问题，摒弃以股市投资，风险自担，新股能发，就算尽职的庸政思维。

第五节 期盼及相关建议

　　进入新时代，中国的股民热切地期待中国证券市场的最高行政职能管理部门，尽快消除管理胎记、根治管理"幼稚病"，纠正历史上形成的"三个偏差"：深入广大股民，倾听他们 的心声，找准问题之所在。通过思想理论上打破背在广大股民身上的"制造股市泡沫"的精神"黑锅"，通过召开如"深套股民座谈会"，"股民股市风险防范交流会"等多种形式，建立与他们沟通的桥梁，了解他们的愿望，了解他们之所想、之关切。肯定他们为中国股市做出的无私、无偿的贡献，从精神上为之解套，对极少数因投资股票致贫的人按低保标准一视同仁给予适当生活救助等。使他们感受到管理者的温度、党和政府的阳光，以利于化解其积怨。

　　当前中国股市存在的问题是改革过程中出现的问题，依然需要通过改革来解决。成熟的股市需要合理的科学的市场交易和管理制度来保障。这也对深化股市的改革提出了新的要求。全国股民热切希望主管部门不断深化改革，勇于大胆创新。努力改革一切不利于中国股市建设的体制安排和交易制度。建议适时取消日涨跌停板涨幅限制，同步推出融断机制。日涨跌停板制度已实行了 20 余年。在 20 世纪开始实行之初，市场参与主体包括主力机构和股民的资金规模都较小的情况下，对控制股价大幅波动，抑制投机，确实起到过十分积极的作用。如今投资主体的市场主力资金规模较 20 世纪末翻了数十倍甚至百倍。涨跌停板制度在调控股价波动幅度方面的作用日益弱化。相反，它的副作用日益凸显。最大的副作用是容易被市场利用，助涨助跌加剧股价波动，强化市场投机气氛。市场主力资金在拉抬股价时，只需要能够用数量足够大的买单在开盘前通过席位将委托发出，将涨停板封住，则可以稳定内盘持股信心，达到内盘惜售效果，从而减小抛压，可大大降低主力资金拉高股价、快速脱离成本区准备派发的风险和成本，有效地掩盖其对价格的实际操控。同时，涨停板的股票可以快速吸引市场"眼球"，集聚追涨资金，从而瞬间形成市场的局部热点和追逐效应，起到助涨作用。此时的内盘的散户也不需要看股价上涨多少、股票的市盈率有多高，是否还具有投资价值，只要看封涨停板的买单大小，以推测今天能否封住，明天能否还会接连涨停，从而决定是否卖出。而外盘的股民则可以据此推测为是主力进场，认为还会涨，紧追跟风。跌停板则被市场充分证明可被主力机构利用作为做空投机套利的工具起到助跌的作用：一旦市场遭遇利空，市场主力资金出货坚决，大单封住跌停板上，在打压指标股，同时在股指期货、股票期权作空的配合下，就可"堤内损失堤外补"。2015 年股灾发生时跌停板不仅丝毫没有起到减小非理性下跌的作用，相反，千股跌停反倒加剧市场恐慌气氛产生助跌效应，直到管理层紧急出台限制主力机构在股指期货日开、平仓数量、大幅提高期指合约交易保证金，并到最后严格限制市场投机资本在股指期货合约交易上做空，方才止住暴跌、遏制股灾。

另一方面，涨跌停板可以成为主力机构封锁中小散户买进、卖出的"栅栏"，从而挡住中小散户与其"抢筹码"和规避市场风险时的散户的抢先"出逃"。市场遇到利空时，市场主力机构与散户争相卖出，此时如同涨停板，由市场主力可在时间上抢先，只要在开盘前的集合竞价时通过交易所的席位号，横上巨大的卖单，散户即使同时或早于主力资金挂单，也只能排在后尾，那么当天就从开盘到收盘都不可能排到散户卖出股票，日复一日，连续跌停。只要主力封住跌停板，中小散户便"逃生"无门。遇到市场利好时，市场主力为抢在散户之前买到低价股票，在开盘前数日在涨停价位连挂买单，散户想买也已经是主力买够之后，这时主力机构将先前买入的股票在更高价位卖给中小散户，从而将中小散户在高位套住。玩中小散户于股掌之间，中小散户则完全受制于市场主力。

涨跌停板还可以被主力资金用来制造让中小散户接盘的陷阱。市场主力可以通过首先挂巨额买单封住涨停，然后撤单再挂，造成买盘依然巨大的假象，而实际买单已经后挪，将散户的买单前移，然后在涨停价位卖出。跌停板上，则用大单对敲，制造主力资金进场假象，吸引散户买入。达到减仓出货的目的。

通过比较涨跌停板制度和融断机制二者，推行融断机制可更有利于抑制市场的过度投机，建议融断机制可作如下的设计。

单日累计涨幅达10%或二日累计上涨20%，以及三日累计上涨达到25%，融断。停止交易半天。股民下单买入时在终端提示：股价可能已经严重脱离了基本面，防止可能套牢！

此后，连续累积上涨每增加1%，即从涨幅达到26%开始，此后再涨1%，

融断。即在27%、28%、29%分别融断。停止交易半天。股民下单买入时在终端提示：股价可能已经严重脱离了基本面，过度投机，风险巨大！

连续累积涨幅达到30%，融断。停止交易一周。终端向仍希望买进此股的股民推送提示：建议您利用休市时机赴上市公司开展经济效益增长情况的实地考察，对投资进行风险评估，再做决定。

相比涨跌停板，在防控风险，抑制投机上融断机制显得更灵活，更有效力。抑制市场投机气氛也会立竿见影，这也更有利于与国际惯例接轨。因此，用融断机制取代涨跌停板制的改革已势在必行。

在涨跌停板控制股价大幅波动的功能日益弱化，甚至基本功能已完全丧失的情形下，仍然实行日限涨跌幅交易制度，主力机构有太多的优势：首先是资金优势、加上信息优势、委托时间优先优势、交易成本优势、跨市场操作对冲风险的优势等，并充分利用涨跌停板等各种制度给予的可利用之机，可以使得主力机构不管市场环境、不论涨还是跌、不论价位、进行买卖，而只需要令其价格大幅度波动，就可从中获利。波动越大越快，越是游刃有余。而中小散户只有买在相对低位，股票价格上涨，才能抵御风险，在市场上处于绝对弱势，以至于管理层洒向中小散户的阳光也被主力机构"大块头"尽享而被遮得严严实实，保护中小投资者的口号和措施，无论管理层初衷的光芒多么强烈，经过上述"介质"的折射偏转及层层"过滤"，所剩无几甚至全无，股民们希望能够得到一缕"阳光"但终难一沐，唯有找主力、跟庄家去实现股市赚钱的梦想。这也是造成管理初衷与效果背离，股民对管理部门产生诸多误解的根本原因之所在。因为它给股民直接效果和直观感受是：政策总是有利主力机构，总在损害股民利益。以至于一些股民害怕出台保护中小散户的措施，甚至管理者再提这一口号。因为一提或一出台措施，最终总是对主力机构有利，或成为主力资金拉高制造拉高出货的机会，或成为向下打压制造有利空头逐利的大行情的理由。而相对只能在上涨单边行情中才能躲避市场风险的中小投资者则是灾难，为其"埋单"。由于在资本市场上投机资本这种"隐身"运作具有极大的隐蔽性，因而人们也把由管理者监管被投机资本利用外化成为市场风险，称为"管理风险"。这也是广大股民 "赤日炎炎"不觉"暖"、遇有利空更觉"寒"的原因所在，而最高管理机关中国证监会也为此而蒙受其"冤"，饱受其怨。为他人支付巨大的"满意度"成本。

可以相信：大力推进改革，以融断机制取代涨跌停板，可以成为解决上述诸多矛盾和问题的一把钥匙。是股市走向成熟、走向理性、成为"慢牛"必不可少的制度保证，是大幅度减小 7X（被套股民）和减小股民损失，使其能够分享改革开放我国经济快速发展的成果，切实得到投资收益、有效清除存在于最高管理部门与广大股民之间的"介质"，消除中国股市的财富"黑洞"和民意"黑洞"效应，提高包括被套广大股民在内的满意度、最终体现管理部门执政为民的有效途径。

这里还需提请注意的是：实行这样的改革，要提前预防"幼稚病"。首先在注意推行的时机和配套措施上要充分考虑，实施之前限制或停止股指期货、股票期权的做空交易，避免投机资本再次利用，造成这项改革再度流产而胎死腹中。从而避免中小散户蒙受政策出台而出现的被市场利用造成的巨大伤害和财产损失。

2015 年推出融断机制流产的原因，不是融断机制本身的缺陷所致，而是推出的时机、推出的配套措施考虑不周，从而被市场投机资本利用，借助跌停板的助跌放大其对投机资本的利空效果，成为其做空套利的机会所致。这一融断机制利空于投机资本的事实正好证明了：它是限制投机资本投机行为的有效制度。当时如在其中规定设立与涨停相对应的跌幅达到25%后，每跌1%，融断，停止交易半天；跌幅达30%时，融断，停止交易一星期。投机资本可利用的价格空间就会被大大压缩，交易周期会被有效拉长，市场恐慌就会大大缩小。

当然，制度层面的改革，还要求投资主体思想理念的更新；成熟的股市，也需要成熟的理念。面对目前市场投机风盛行，市场内外包括理念、技术、操作的书籍都是找主力，跟庄家，抓涨停、急功近利的理念所主导，而不是选标的、看业绩、估价值、讲投资。更重要的，要切实注重对全体股民进行理性投资理念和方法的教育，正确的投资理念是规范股市的基石的基石。

如果一个股市，被浓厚的投机气氛充斥，从主力机构到每一个股民都崇尚投机，何来理性，怎么去规范？市场规范当然离不开法律法规，但法律规范的都是硬边界，仅仅只有法律规范是远远不够的，如同现实社会中仅有法律这种单一的硬约束远远不够一样，还需要道德的软约束。否则，就会出现法律难及、很多方面无法管束，出现管理"难"的问题。因此，从股市的角度，也同样需要相当于"道德"这样的软约束，一个自觉约束的规范——理性投资的理念。从管理层来说，建议从以下几个方面着手建立正确的投资理念。

一是结合当前推进的深化改革，建议对上市新股实行短周期双取消：即新股上市三日或一周内取消涨跌停限制和T+1限制，取而代之以融断机制。以大幅降低连续涨停溢出的投机效应，帮助股民认识到新股炒作的巨大风险。同时可加快市场新股的换手。

二是及时发现跟风炒作，投机参与的巨大风险和最终巨额亏损的典型，鼓励他们现身说法，向股民进行现实的，而非简单的口号式、测评式的风险教育，引导全体股民投资理念的根本转变。

三是树立成熟理性投资的典型，设立具有政府名义的理性投资股民奖，引导股民抛弃不切实际的、高风险的短期投机以实现暴富理念和价值取向、大力倡导理性价值投资理念。

四是向股民推荐和推广能够有效防范股市风险的操作方法，像扶贫进村的干部积极向村民推荐致富技艺、门道、方法一样。20 世纪 50 年代，我国从还是一个几乎没有任何民族工业、连铁钉都不能自己制造的十分落后的农业国。在新中国成立之初兴起的工业化建设高潮中，我们党针对大量城市游民和农民进厂务工，无文化、无技术，技术工人严重缺乏的困难局面，就采取了组织起来上夜校，学文化、学技术，并利用多种形式，在全国推广实际劳动和工作中急需掌握的技术和操作方法，以帮助投入到工业化建设高潮的人民群众尽快学习和提高操作技能。这种方法今天在股市值得大力借鉴和引用。通过这样的方法，让股民充分地了解进入股市在股票操作各个环节的风险，学习提高控制风险的能力，从而走向成熟和理性。进而降低股市操作的风险，也更能提高监管部门的监管效率。今天我们把经过十余年实盘操作验证的"不追高、低风险、阶梯价位买卖理性投资操作法"呈献出来作为向入市股民推荐的方法之一。同时积极在广大股民中深入挖掘这样的方法进行推广。我们相信只要管理部门坚持"着眼广大股民，坚持从严监管"，把监管工作的着力点对股民前移到入市第一天就对其进行理性操作方法的运用和理性投资的引导上，对上市公司从事后监管前移和扩展到包括上市前的严、细、实的把关上、创新对上市公司的审核

方式，引进上市审核前的公示制度，加大、加重推荐承销问题公司甚至造假上市机构的和地方行政主管部门的连带处罚责任等、在更多环节进行严格监管。而不只是在上市以后单一环节的监管查处方式，最大限度防止"地雷"进入人群密集区引"爆"股市，实现日常监管工作的重点不是单单放在市场股票价格波动的监控上，而是放在以广大股民为着眼点和着力点上，在全体股民中开展理性投资意识的教育和方法的引导，帮助作为中国股市的投资主体的重要方面军——股民树立正确的投资理念，把广大股民从盲目追涨杀跌引入理性投资轨道，为建设具有中国特色的证券资本市场，培育理性的投资主体，使其具有识别市场主力机构拉抬股价的市场风险的能力，自觉做到不追不跟，进而用股民的理性投资去影响改变主力资金的市场行为。使得中国股票市场全面走向理性，早日脱掉"稚"气，走向成熟！从而创造出真正具有中国特色（不具任何讽刺意味）的中国资本市场！并使之成为世界资本市场建设史上的奇迹！

中国广大股民热切地期待中国股市的顶层设计和发展蓝图！翘首以盼加快理性健康的投资生态环境建设！相信中国证监会能够勇于面对挑战，不畏困难，扎实进取，锐意改革，坚持股市的正确方向发展，一举破解上述种种问题之困，实现科学管理再上台阶，中国的股市明天一定会更加迷人！中国的证券资本市场明天一定更加辉煌！

后　记

　　《中国股民入市之道》原本计划出全一册，因为最初不想使此书看上去那么厚，让人觉得根本没时间去看完，还没接触它就已经犯"难"，因此决定一分为二。把面对中、高级股民的内容安排在第二分册出版，同时也为避免因为写作周期加出版周期过长，以至于此书问世，让人觉得它是一本"古"书，因为书中涉及的事例背景已经时过境迁，许多数据的背景和内容严重"过时"。即便如此，由于出版周期原因，前言和第一章中引用的一些实例的数据截至2018年8月31日。本书正式出版发行到读者手中，可能也显得数据有点"老"，因此也希望读者能客观地看待本书引用的事实所用的"历史"数据，重在理解它们说明的道理。在此段时间里，问题的程度可能有轻重变化，指数也可能止跌回升，但基本的情况不会发生太大的实质性改变。本书所讲的道理却是不老，也不会过时。

　　在此需要特别真诚地感谢原本是本书的作者之一——李月女士。李月毕业于美国奥斯汀德克萨斯大学金融专业。学成后虽获得绿卡，但却毅然回国同丈夫一起积极创办实业，成为民营企业家。业余时间操习所学专业，

积极参与了我们共同开展的股票交易相关科学理论研究与实盘操作论证，同时可以说是从头到尾参与了写作本书的筹划、提纲、结构和章节安排的讨论，逐章审阅了全书的内容，从筹划到完稿，对本书提出了许多好的意见和建议。最终因李月女士淡泊名利而不愿署名。我们尊重并采纳她的意见。在此谨向她表示崇高的敬意和衷心的感谢！

此外，本书完稿后石文敏（瑞士）博士认真反复通览数遍全部书稿，提出了许多宝贵的修改意见，在此谨表真诚的谢意。

本书还得到知识产权出版社编辑们的大力支持和帮助。他们认真修改、精心审校书稿，为本书把关、增色；并精心安排和缩短出版周期，使本书得以提前出版发行，与读者见面，特此表示诚挚的谢意！

石文锦　孙志翔

2018 年 9 月 20 日于武汉